❋EJU

日本留学試験

EJU

실전 모의고사

수학코스2

이 책은 일본유학시험 수학 코스2 모의시험 문제집입니다. 이 문제집을 사용해서 공부하기 전에 특히, 수학 성적에 관해서 고민하고 있는 분은 다음에 쓰여진 점을 잘 읽어 주세요.

안타깝게도 잘못된 수학 공부 방법으로, 학생 시절의 귀중한 시간을 낭비해 버린 분이 굉장히 많습니다. 특히, "가능한 많은 문제를 풀고, 가능한 많은 해답 방법을 암기하면, 시험에 합격할 수 있는 수학 실력이 생긴다"라고 착각하고 있지 않을까요?

해법을 통째로 암기하는 것은 수학 공부가 고통스러워지는 것뿐이니까 당장 그만두는 것이 좋습니다. 또한, 해법을 통째로 암기해서 어떻게 될 정도로 수학은 얕은 학문은 아닙니다.
바르게 수학 공부를 하기 위해서 실천해 주길 바라는 점은 다음 2점입니다.

1. 모르는 문제는 스스로 분석해서 문제점을 찾는다.

"왜 모를까?"라고 슬퍼하기 전에, "내가 이해하지 못한 부분은 어느 부분이지?" "내가 어렵다고 느끼는 이유는 뭘까?"를 냉정하게 분석해서 문제점을 찾읍시다. 또한, 선생님이나 친구 등, 다른 사람을 바로 의지하는 것도 좋지 않습니다. 다른 사람을 의지하기 전에 노력해서 스스로 분석해서, 도저히 원인을 모를 때에는 다른 사람에게 상담하는 습관을 길러 주세요.

2. 다른 사람에게 알기 쉽게 설명할 수 있도록 한다.

수학에 관한 것은, 다른 사람에게 알기 쉽게 설명할 수 있게 되었을 때에 비로서 확실하게 이해되었다고 할 수 있습니다. 다른 사람에게 설명하지 못하는 것은, 아직 이해가 확실하지 않은 것입니다. 그래서 "지금 공부하고 있는 것을 어떻게 하면, 알기 쉽게 다른 사람에게 전할 수 있을까?"라고 궁리하면서 수학 공부를 하는 습관을 기르면 좋습니다.

이러한 자세는, 수학 이외의 과목에도 응용할 수 있습니다. 특히, 수학은 서투르지만, 잘하는 과목이 수학 외에 있다는 사람은 이러한 공부 방법을 그 과목에서 무의식적으로 하고 있는 경우가 많습니다. 그러한 사람은 수학에서도 같은 것을 실천하는 것뿐입니다.

그러면, 이상의 2가지를 항상 의식하면서 이 모의고사 문제집을 풀어 봅시다.
어렵게 느껴지는 문제를 만나도, 자신의 실력이 부족하다고 슬퍼할 필요는 없습니다.

풀어본 후에, "어렵다고 느낀 부분은 어디였지?" "어렵다고 느낀 이유는 대체 뭐였지?" 를 냉정하게 분석해 주세요. 그리고, 잘 이해하지 못한 부분을 발견한다면, 해답을 차분히 읽고 그 부분을 다른 사람에게 잘 설명할 수 있게 될 때까지, 계속 궁리해 주세요.

그 때, "계산 실력이 부족했다"고 자기분석을 했다면, 교과서 등의 문제를 사용하여 계산 실력을 기르기 위한 반복훈련을 하면 됩니다. 또한, "기본 용어 의미를 잘 모르겠다"고 자기분석을 했다면, 교과서를 반복해서 읽고 바른 정의를 조사해서, 그 의미를 다른 사람에게 간결하고 알기 쉽게 설명할 수 있게 되기 위한 궁리를 합시다.

이러한 공부는 한번이라도 해 보면 그 즐거움을 알 수 있습니다. 해법을 통째로 암기하는 것이 얼마나 고통스럽고 무미건조한 일인지는 비교해 보면 바로 알 수 있겠죠. 또한 시간이 걸릴 것 같이 보이지만, 결과적으로는 제일 빠른 길이 됩니다.

실제로, 이러한 습관을 길러서 진정한 의미에서 이해할 수 있게 된 수학은, 문과 이과에 상관없이, 평생 사용할 수 있는 보물이 됩니다. 통째로 암기하는 해법은 바로 잊어 버립시다.

지금부터라도 늦지 않았습니다. 바로 오늘부터 바른 공부 방법으로 공부해 봅시다.
그리고, 진짜 수학을 마음 깊은 곳에서 즐겨주세요. 수험생 여러분의 건투를 빌고 진심으로 응원하겠습니다!

글로벌 고등 수학 연구회

■ EJU 란?

'Examination for Japanese University'의 약자로, 일본 대학 등에 입학을 희망하는 자에게, 일본 대학 등에서 필요로 하는 일본어 능력 및 기초 학력 평가를 실시할 것을 목적으로 실시하는 시험입니다.

2001년 12월에 폐지된, 일본 대학 등에 입학할 때 일본 대학(학부) 등 고등 교육 기관의 대부분이 수험할 것을 의무로 하고 있었던 '일본어 능력시험'과 '사비 외국인 통일 시험'의 2개 시험이 통합되어 2002년부터 연 2회(6월 및 11월) 일본 및 해외에서 실시되고 있습니다.

■ 출제 과목

EJU시험의 출제 과목은 일본어, 종합과목, 수학, 이과(화학, 물리, 생물)이며, 각 대학교가 지정하는 수험과목을 선택하여 수험해야 합니다. 또한, 일본어를 제외한 모든 과목은 일본어와 영어 중 출제언어를 선택할 수 있습니다.

■ 과목별 점수

과목	목적	시간	득점 범위
일본어	일본 대학 등에서의 공부에 대응할 수 있는 일본어 능력을 측정한다.	125분 정도	독해 0~200점
			청독해·청해 0~200점
			기술 0~50점
이과	일본 대학 등의 이과계열 학부에서의 공부에 대응할 수 있는 기초적 학력을 측정한다.	80분	0~200점
종합과목	일본 대학 등의 문과계열 학부에서의 공부에 대응할 수 있는 기초적 학력을 측정한다.	80분	0~200점
수학	일본 대학 등에서의 공부에 필요한 수학의 기초적인 학력을 측정한다.	80분	0~200점

- 일본어는 기술, 독해, 청독해·청해의 3가지 영역으로 구성되어 있습니다.
- 이과는, 이과 3과목(화학, 물리, 생물) 중, 수험을 희망하는 대학이 지정하는 2과목을 선택해 수험해야 합니다.
- 이과와 종합과목을 동시에 수험하는 것은 불가능합니다.
- 수학은 코스1과 코스2로 구성되며, 수험을 희망하는 대학이 지정하는 코스를 수험해야 하지만, 문과계열 학부 및 수학을 필요로 하는 정도가 비교적 낮은 이과계열 학부에서 많이 필요로 하는 수학 코스1, 수학을 고도로 필요로 하는 학부에서 요구하는 수학 코스2가 있습니다.
- 득점 범위는 일본어 기술을 제외하고, 상대평가로 표시됩니다.

■ 성적 결과

- 성적은 7월말, 12월말에 우편 통지 및 JASSO EJU 홈페이지에서 확인 할 수 있습니다.
- 성적의 유효 기간은 각 대학별로 상이합니다.

■ 전반적인 출제 내용의 분석과 대책

1. 출제 경향

큰 문제는 매년 Ⅰ~Ⅳ의 4문제이며, 근래 몇 년은 다음과 같은 형태로 출제되고 있다.

과목	Ⅰ	Ⅱ	Ⅲ	Ⅳ
빈출 범위	서로 다른 분야를 조합한 문제		[미분법] [적분법]	
	문제1 [2차함수] 문제2 [경우의 수·확률]	문제1 [벡터], [수열] 문제2 [복소수 평면] [도형과 방정식]	※**미분**과 **적분**에 관련된 복합 문제가 출제	

· **큰 문제 Ⅰ은 수학 코스1과 공통**

· **새로운 실러버스 출제 내용**

수와 식, 2차 함수, 도형과 계산, 경우의 수와 확률, 정수의 성질, 도형의 성질, 다양한 식, 도형과 방정식, 지수함수 • 대수함수, 삼각 함수, 미분 • 적분의 정의, 정렬, 벡터, 복소수 평면, 평면상의 곡선, 극한, 미분법, 적분법

2. 대책

모든 분야에서 넓게 출제되기 때문에, 출제범위는 모두 공부해 둘 필요가 있다 단, 수학3의 '미분 • 적분'에서 가장 많이 문제가 출제되니 이 부분을 확실히 준비해 두어야 한다. 그래서, 수학 코스2의 대책으로서는 '미분 • 적분'을 학습하는 것을 중심으로 필요한 부분을 보강해 나간다는 기본 자세를 갖추는 것이 좋다.

극단적으로 어려운 문제는 출제되지 않지만, 시험 시간 내에서 모든 문제를 풀기 위해서는, 확실한 계산력이 필요하다. 한 번 문제를 푸는 것이 아니고, 반드시 반복해서 풀어서 계산 속도를 올리는 연습을 하는 것이 중요하다.

참고로, 공부를 서두르는 나머지, 해답을 통째로 암기해서는 안 된다.

■ 각 분야의 대책

미분법과 적분법

✿ 수학 코스2의 출제 범위 중에서 가장 중요한 분야이다.
✿ 대학에서 배우는 이과 계열 과목의 기초가 되는 분야이다.

(빈출 분야)

–미분과 적분의 개념

–수열과 정렬의 극한을 포함한 미분법과 적분법

대책

공식이나 개념의 이해, 계산법의 반복 연습, 미적분 이외에 부족한 부분의 공부 등, 자신에게 부족한 부분을 냉정하게 분석하여 대비한다.

2차 함수

✿ 일반적으로는 **미적분을 공부하는 동안에 자연스럽게 익히는 분야**이다.

(빈출 분야)

–제곱완성의 계산

–그래프의 평행 이동

–최대치, 최소치

–2차 부등식

대책

기본 개념부터 착실하게 익혀 두자.

✿ 문제의 질문문이 긴 경우가 많다.

빈출 분야

-순열의 총수 nPk'

-조합의 총수 nCk'

-확률 공식

대책

① 용어의 의미를 확실히 이해하여 둔다.

② 계산 연습을 확실하게 해 둔다.

③ 질문문이 긴 경우가 많으므로, 짧은 시간에 문제의 의미를 파악하는 연습을 해 둔다.

④ 문제를 반복하여 풀고, 출제 경향에 익숙해지자.

지수 함수·삼각 함수

✿ 지수함수의 정의와 가법 정리, 배각 공식은 미적분 계산에도 사용된다.

빈출 분야

-지수 함수의 정의, 공식

-삼각 함수의 정의, 공식'

대책

기초적인 사항을 확실히 익혀, 함수의 도함수나 원시함수(부정적분)를 자유롭게 계산할 수 있도록 한다.

벡터, 복소수 평면, 도형과 방정식

✿ 도형은 수학 코스2에서는 반드시 출제되는 중요한 분야이다.

─┤ 빈출 분야 ├─────────────────────────────

　-복소수 평면

　-도형

─────────────────────────────────────

대책

삼각함수와 벡터를 이해하지 못하면 문제를 풀 수 없는 경우가 많으므로, 각각 별개로 학습
하는 것이 아니라, 서로의 관련성을 이해하며 효율적으로 학습하자.

목차

본책	
머리말	002
EJU 시험 개요	004
출제 내용 분석과 대책	006
1회 모의시험	015
2회 모의시험	029
3회 모의시험	043
4회 모의시험	057
5회 모의시험	071
6회 모의시험	085
부록 중요 용어 정리	098

별책

정답지 ·········· 001

1회 정답 및 해설 ·········· 015

2회 정답 및 해설 ·········· 027

3회 정답 및 해설 ·········· 043

4회 정답 및 해설 ·········· 057

5회 정답 및 해설 ·········· 073

6회 정답 및 해설 ·········· 087

EJU

日本留学試験

模試と解説

数学コース2

グローバル高等数学研究会

ask

第1回
模擬試験

$$\boxed{\textbf{I}}$$

問1　t を 0，1 と異なる実数とする。xy 平面上の 3 点
$$\mathrm{O}(0,\ 0),\ \mathrm{A}(1,\ 1),\ \mathrm{B}(t,\ t^2-t+1)\quad(t\ne 0,\ 1)$$
を通る放物線 C について考えよう。

(1)　放物線 C の式を $y=ax^2+bx+c$ とすると，C が点 O を通ることから
$$c=\boxed{\textbf{A}}$$
であり，C が点 A を通ることから
$$b=\boxed{\textbf{B}}-a$$
である。さらに，点 B を通ることから，C の式は
$$y=\left(\frac{t-\boxed{\textbf{C}}}{t}\right)x^2+\left(\frac{\boxed{\textbf{D}}}{t}\right)x$$
である。

(2)　放物線 C の頂点 C の座標は
$$\mathrm{C}\left(-\frac{1}{\boxed{\textbf{E}}\left(t-\boxed{\textbf{F}}\right)},\ -\frac{1}{\boxed{\textbf{G}}\,t\left(t-\boxed{\textbf{H}}\right)}\right)$$
である。

(3)　実数 t が $\dfrac{1}{4}\leqq t\leqq\dfrac{3}{4}$ の範囲で動くとする。このとき，頂点 C の y 座標のとり得る値の範囲は
$$\boxed{\textbf{I}}\leqq y\leqq\frac{\boxed{\textbf{J}}}{\boxed{\textbf{K}}}$$
である。

- 計算欄（memo）-

- 計算欄（memo）-

問2　　1から10までの自然数が1個ずつ書かれた10枚のカードが袋に入っている。袋からカードを3枚取り出して，数字の小さい順に a, b, c とする。

(1) このようなカードの取り出し方は $\boxed{\text{LMN}}$ 通りある。

(2) $3 \leqq a+b \leqq 6$ を満たすようなカードの取り出し方を考えよう。

$a < b$ であることに注意すると，このような a, b の組 $(a,\ b)$ は $\boxed{\text{O}}$ 個ある。このような $(a,\ b)$ に対して c のとり得る値の範囲を考えると，求める取り出し方は $\boxed{\text{PQ}}$ 通りであることがわかる。

(3) 袋の中から任意に3枚のカードを取り出す試行を1回行うとき，$2 \leqq a+c \leqq 8$ を満たすようなカードの取り出し方をする確率は $\dfrac{\boxed{\text{RS}}}{\boxed{\text{TU}}}$ である。

- 計算欄（memo） -

I の問題はこれで終わりです。　I の解答欄　V　〜　Z　はマークしないでください。

$\boxed{\text{II}}$

問1　　三角形 OAB があり，各辺の長さは

$$\mathrm{OA}=5, \quad \mathrm{OB}=3, \quad \mathrm{AB}=7$$

である。さらに

$$\overrightarrow{\mathrm{OA}}=\vec{a}, \quad \overrightarrow{\mathrm{OB}}=\vec{b}$$

とおく。三角形 OAB の外接円の中心を C として，直線 OC と辺 AB の交点を D とする。このとき，以下の問いに答えなさい。

$\vec{a}, \ \vec{b}$ の内積 $\vec{a}\cdot\vec{b}$ は

$$\vec{a}\cdot\vec{b}=-\frac{\boxed{\text{AB}}}{\boxed{\text{C}}}$$

である。ここで

$$\left|\overrightarrow{\mathrm{CO}}\right|=\left|\overrightarrow{\mathrm{CA}}\right|=\left|\overrightarrow{\mathrm{CB}}\right|$$

より

$$\overrightarrow{\mathrm{OC}}\cdot\vec{a}=\frac{\boxed{\text{DE}}}{2}, \quad \overrightarrow{\mathrm{OC}}\cdot\vec{b}=\frac{\boxed{\text{F}}}{2}$$

である。したがって

$$\overrightarrow{\mathrm{OC}}=\frac{\boxed{\text{GH}}\ \vec{a}+\boxed{\text{IJ}}\ \vec{b}}{45}$$

である。これより，線分の長さの比

$$\frac{\mathrm{AD}}{\mathrm{DB}}=\frac{\boxed{\text{KL}}}{\boxed{\text{MN}}}$$

を得る。

- 計算欄（memo） -

問2　複素数

$$u = \frac{1+\sqrt{3}\,i}{1+i}$$

と複素数平面上の正方形の領域

$$D_1 = \left\{ x+yi \mid 0 \leqq x \leqq 1,\ 0 \leqq y \leqq 1 \right\}$$

について，次の問いに答えなさい。ただし，複素数の偏角θは$0 \leqq \theta < 2\pi$の範囲で考えるとする。

(1)　複素数uを極形式にすると

$$u = \sqrt{\boxed{\text{O}}}\left\{ \cos\left(\frac{\pi}{\boxed{\text{PQ}}}\right) + i\sin\left(\frac{\pi}{\boxed{\text{PQ}}}\right) \right\}$$

である。これより

$$u^6 + \frac{1}{u^6} = \frac{\boxed{\text{RS}}}{\boxed{\text{T}}}\,i$$

である。

(2)　複素数平面上の領域

$$D_2 = \left\{ z \mid zu^2 \in D_1 \right\}$$

と，原点を中心とする半径1の円Cを考える。D_2上の点$\mathrm{P}(z)$とC上の点Qをそれぞれ動かすとき，線分PQの長さの最小値は$\dfrac{\boxed{\text{U}} - \sqrt{\boxed{\text{V}}}}{2}$であり，最小となるときの$z$について

$$|z| = \sqrt{\frac{\boxed{\text{W}}}{\boxed{\text{X}}}}, \quad \arg z = \frac{\pi}{\boxed{\text{YZ}}}$$

である。

- 計算欄（memo）-

- 計算欄（memo）-

Ⅱ の問題はこれで終わりです。

$$\boxed{\text{III}}$$

次の文中の $\boxed{\text{L}}$, $\boxed{\text{M}}$, $\boxed{\text{N}}$, $\boxed{\text{O}}$ には，右下の選択肢 ⓪ $\sim$ ⑨ の中から適するものを選び，その他の $\boxed{}$ には，適する数を入れなさい。

$x>0$ の範囲で定義された関数

$$f(x)=x^2\log x-x^2$$

を考える。このとき，次の問いに答えなさい。ただし，必要ならば

$$\lim_{t\to\infty}\frac{\log t}{t}=0$$

であることを用いてもよい。

(1) 関数 $f(x)$ の導関数 $f'(x)$ と第 2 次導関数 $f''(x)$ は
$$f'(x)=\left(\boxed{\text{A}}\,\log x-\boxed{\text{B}}\right)x,\quad f''(x)=\boxed{\text{C}}\,\log x+\boxed{\text{D}}$$
である。また
$$\lim_{x\to+0}f(x)=\boxed{\text{E}},\quad \lim_{x\to+0}f'(x)=\boxed{\text{F}}$$
である。

(2) 曲線 $y=f(x)$ 上の点 A における接線が原点 O を通るとき，この接線の傾きは $\boxed{\text{GH}}$ であり，接点 A の座標は $\left(\boxed{\text{I}}\,,\ \boxed{\text{JK}}\right)$ である。

$$\left(\boxed{\text{III}}\ \text{は次ページに続く}\right)$$

(3)　関数 $f(x)$ は，$x=\boxed{\text{L}}$ で極小値 $\boxed{\text{M}}$ をとり，極大値はもたない。また，曲線 $y=f(x)$ の変曲点 I の座標は

$$\text{I}\left(\boxed{\text{N}},\ \boxed{\text{O}}\right)$$

である。

選択肢

$\textcircled{0}$　$\sqrt{e}$　　　　$\textcircled{1}$　$\dfrac{1}{\sqrt{e}}$　　$\textcircled{2}$　e　　　　$\textcircled{3}$　$\dfrac{e}{2}$

$\textcircled{4}$　$-\dfrac{e}{2}$　　　$\textcircled{5}$　$\dfrac{1}{e}$　　$\textcircled{6}$　$\dfrac{1}{2e}$　　$\textcircled{7}$　$-\dfrac{1}{2e}$

$\textcircled{8}$　$\dfrac{3}{2e}$　　　　$\textcircled{9}$　$-\dfrac{3}{2e}$

$\boxed{\text{III}}$ の問題はこれで終わりです。$\boxed{\text{III}}$ の解答欄 $\boxed{\text{P}}$ ～ $\boxed{\text{Z}}$ はマークしないでください。

$$\boxed{\textbf{IV}}$$

次の文中の $\boxed{\text{C}}$, $\boxed{\text{D}}$ には，下の選択肢 ⓪ ～ ⑨ の中から適するものを選び，その他の $\boxed{}$ には，適する数を入れなさい。

定義域を $x>0$ とする関数

$$f(x)=\frac{1-\log x}{x}\quad(x>0)$$

について，曲線 $y=f(x)$ と直線 $x=1$, $x=e^2$ と x 軸で囲まれる図形の面積を求めよう。

(1) $f(x)$ を微分すると，導関数は

$$f'(x)=\frac{\log x-\boxed{\text{A}}}{x^{\boxed{\text{B}}}}$$

となる。これより，関数 $f(x)$ は，$x=\boxed{\text{C}}$ で極小値 $\boxed{\text{D}}$ をとる。

(2) $f(x)$ の原始関数は

$$\int f(x)\,dx=\log x-\frac{\boxed{\text{E}}}{\boxed{\text{F}}}(\log x)^{\boxed{\text{G}}}+C\quad(C\ \text{は定数})$$

である。したがって，曲線 $y=f(x)$ と直線 $x=1$, $x=e^2$ と x 軸で囲まれる図形の面積 S は

$$S=\boxed{\text{H}}$$

である。

$\boxed{\text{選択肢}}$

⓪ 0	① 1	② 2	③ e
④ e^2	⑤ $-e^2$	⑥ $\dfrac{1}{e}$	⑦ $-\dfrac{1}{e}$
⑧ $\dfrac{1}{e^2}$	⑨ $-\dfrac{1}{e^2}$		

－ 計算欄（memo）－

Ⅳ の問題はこれで終わりです。　Ⅳ の解答欄　Ｉ　～　Ｚ　はマークしないでください。

第2回
模擬試験

$$\boxed{\text{I}}$$

問1　t を $0<t<2$ を満たす実数とする。xy 平面上の 3 点

$$\text{A}(0,\ 1),\ \ \text{B}(t,\ 0),\ \ \text{C}(t-2,\ 0)$$

を通る放物線を C として，C の頂点を D とする。このとき，以下の問いに答えなさい。

(1)　放物線 C の式は，C が 2 点 B，C を通ることから

$$y=a(x-t)\Big(x-t+\boxed{\ \text{A}\ }\Big)$$

と表せる。ただし，a は 0 でない実数である。さらに，C は点 A を通ることから，C の式は

$$y=\left\{\frac{1}{t\big(t-\boxed{\ \text{B}\ }\big)}\right\}x^2-\left\{\frac{\boxed{\ \text{C}\ }\,t-\boxed{\ \text{D}\ }}{t\big(t-\boxed{\ \text{E}\ }\big)}\right\}x+\boxed{\ \text{F}\ }$$

である。

(2)　頂点 D の座標は

$$\text{D}\left(t-\boxed{\ \text{G}\ },\ -\frac{\boxed{\ \text{H}\ }}{t\big(t-\boxed{\ \text{I}\ }\big)}\right)$$

である。

(3)　放物線 C 上の 2 点 E，F を

$$\text{DE}=\text{DF},\ \ \angle\text{EDF}=90°$$

となるようにとる。このとき，直角二等辺三角形 DEF の面積 S は，頂点 D を原点 O に移す平行移動を考えると

$$S=t^2\Big(t-\boxed{\ \text{J}\ }\Big)^2$$

を得る。S は $t=\boxed{\ \text{K}\ }$ のとき，最大値 $\boxed{\ \text{L}\ }$ をとる。

- 計算欄 （memo） -

問2　　　赤と黒のカードが5枚ずつ入った箱がある。以下のような2つの試行を考える。

　試行1：　箱から2枚のカードを取り出して，代わりに赤のカード2枚を箱に入れる。

　試行2：　箱から2枚のカードを取り出して，代わりに黒のカード2枚を箱に入れる。

　このとき，以下の問いに答えなさい。

(1)　試行1だけを行う場合を考える。このとき，箱から赤のカード1枚と黒のカードを1枚取り出す確率は $\dfrac{\boxed{M}}{\boxed{N}}$ であり，箱から赤のカード2枚を取り出す確率は $\dfrac{\boxed{O}}{\boxed{P}}$ である。

(2)　試行1を行った後，続けて試行2を行う場合を考える。このとき，試行2において箱から赤のカード1枚と黒のカードを1枚取り出す確率は $\dfrac{\boxed{QRS}}{\boxed{TUV}}$ である。また，試行2を行った後，箱に入っている赤のカードと黒のカードの枚数が同じになる確率は $\dfrac{\boxed{WXY}}{\boxed{TUV}}$ である。

－ 計算欄（memo）－

－ 計算欄（memo）－

$\boxed{\text{I}}$ の問題はこれで終わりです。 $\boxed{\text{I}}$ の解答欄 $\boxed{\textbf{Z}}$ はマークしないでください。

Ⅱ

問1　三角形 OAB があり，各辺の長さは

$$OA = 5, \quad OB = 8, \quad AB = 7$$

である。さらに

$$\overrightarrow{OA} = \vec{a}, \quad \overrightarrow{OB} = \vec{b}$$

とおく。三角形 OAB の内接円 C の中心を I として，直線 OI と辺 AB の交点を C とする。また，C の辺 OA における接点を D，辺 OB における接点を E とする。このとき，$\overrightarrow{OC}$ を求めてみよう。

$\vec{a}$ と $\vec{b}$ の内積は

$$\vec{a} \cdot \vec{b} = \boxed{\text{AB}}$$

である。

　ここで，$\vec{a}$ と向きが同じである単位ベクトルを $\vec{e}$，$\vec{b}$ と向きが同じである単位ベクトルを $\vec{f}$ とすると

$$\vec{e} = \frac{\vec{a}}{\boxed{\text{C}}}, \quad \vec{f} = \frac{\vec{b}}{\boxed{\text{D}}}$$

である。すると，I は三角形 OAB の内心であるので，k を実数として

$$\overrightarrow{OI} = k(\vec{e} + \vec{f})$$

と表せる。さらに，$\vec{e}$, $\vec{f}$ は単位ベクトルであるので

$$\overrightarrow{OI} \cdot \vec{e} = OD = \boxed{\text{E}}, \quad \overrightarrow{OI} \cdot \vec{f} = OE = \boxed{\text{F}}$$

であり，これより

$$k = \boxed{\text{G}}$$

である。したがって

$$\overrightarrow{OC} = \frac{\boxed{\text{H}}\,\vec{a} + \boxed{\text{I}}\,\vec{b}}{\boxed{\text{JK}}}$$

である。

- 計算欄（memo）-

- 計算欄（memo）-

問2　　　複素数平面において，原点 O を中心とする半径 1 の円を C_1 として，原点 O を中心とする半径 2 の円 C_2 とする。C_1 上に点 A(α) をとり，C_2 上に点 B(β) をとる。また，2 点 A，B の中点を C(γ) とする。ただし，複素数 α と β は

$$0 < \arg\alpha < \frac{\pi}{2}, \quad \arg\left(\frac{\alpha-\beta}{\alpha}\right) = \frac{\pi}{2}$$

を満たす。このとき，次の問いに答えなさい。

(1)　β を α で表すと

$$\beta = \alpha\left(\boxed{\text{L}} - \sqrt{\boxed{\text{M}}}\,i\right)$$

　　である。

(2)　線分 AB の垂直二等分線上の点を P(z) とする。このとき，複素数 z は，k を実数として

$$z = k\alpha + \gamma = k\alpha + \alpha\left(\boxed{\text{N}} - \frac{\sqrt{\boxed{\text{O}}}}{\boxed{\text{P}}}\,i\right)$$

　　と表される。さらに，点 P が実軸上にあるとき，$z = \bar{z}$ に注意すると

$$k = \boxed{\text{QR}} + \sqrt{\frac{\boxed{\text{S}}}{\boxed{\text{T}}}}\left(\frac{\alpha+\overline{\alpha}}{\alpha-\overline{\alpha}}\right)i$$

　　である。

(3)　α が $\alpha - \overline{\alpha} = \dfrac{6}{5}i$ を満たすとき

$$\alpha = \frac{\boxed{\text{U}} + \boxed{\text{V}}\,i}{\boxed{\text{W}}}$$

　　である。ここで，(2)の点 P が虚軸上にあるとき

$$k = -\frac{\boxed{\text{X}}\sqrt{\boxed{\text{Y}}}}{\boxed{\text{Z}}} - 1$$

　　である。

- 計算欄（memo）-

- 計算欄（memo）-

$\boxed{\text{II}}$ の問題はこれで終わりです。

$$\boxed{\text{III}}$$

t を 0, 1 と異なる実数とする。xy 平面上の 3 点

$$O(0,\ 0),\ A(1,\ 1),\ B(t,\ t^2-t+1)\quad (t\neq 0,\ 1)$$

を通る放物線 C の頂点を P とする。t が $t\neq 0$, 1 を満たして動くとき，点 P の軌跡の方程式を求めよう。さらに，この軌跡の性質を調べてみよう。

(1) 放物線 C の式は

$$y=\left(\frac{t-\boxed{\text{A}}}{t}\right)x^2+\left(\frac{\boxed{\text{B}}}{t}\right)x$$

であり，頂点 P の座標は

$$P\left(-\frac{1}{\boxed{\text{C}}\left(t-\boxed{\text{D}}\right)},\ -\frac{1}{\boxed{\text{E}}\,t\left(t-\boxed{\text{F}}\right)}\right)$$

である。

(2) 頂点 P の座標を $(x,\ y)$ とおくと

$$\begin{cases} x=-\dfrac{1}{\boxed{\text{C}}\left(t-\boxed{\text{D}}\right)} & \cdots\cdots① \\[3mm] y=-\dfrac{1}{\boxed{\text{E}}\,t\left(t-\boxed{\text{F}}\right)} & \cdots\cdots② \end{cases}$$

である。①，②より t を消去すると，点 P の軌跡の方程式は

$$y=\frac{x^2}{\boxed{\text{G}}\,x-\boxed{\text{H}}}\quad\cdots\cdots③$$

である。ただし，x は

$$x\neq\boxed{\text{I}},\ \frac{1}{\boxed{\text{J}}}$$

を満たす。

（ $\boxed{\text{III}}$ は次ページに続く）

(3)　③の右辺を $f(x)$ とおくと

$$f(x) = \cfrac{1}{\boxed{\text{K}}}x + \cfrac{1}{\boxed{\text{L}}} + \cfrac{1}{\boxed{\text{M}}\left(\boxed{\text{N}}\,x-1\right)}$$

である。これより，曲線 $y = f(x)$ は 2 つの漸近線

$$y = \cfrac{\boxed{\text{O}}}{\boxed{\text{P}}}x + \cfrac{\boxed{\text{Q}}}{\boxed{\text{R}}}, \quad x = \cfrac{\boxed{\text{S}}}{\boxed{\text{T}}}$$

を持つ。また，$f(x)$ の導関数は

$$f'(x) = \cfrac{2x\left(x - \boxed{\text{U}}\right)}{\left(\boxed{\text{V}}\,x - \boxed{\text{W}}\right)^2}$$

であり，関数 $f(x)$ は $x = \boxed{\text{X}}$ で極小値 $\boxed{\text{Y}}$ をとる。

$\boxed{\text{III}}$ の問題はこれで終わりです。$\boxed{\text{III}}$ の解答欄 $\boxed{\text{Z}}$ はマークしないでください。

x の関数

$$f(x) = \log\left\{\frac{x(4-x)}{3}\right\}$$

を考える。真数の条件より

$$\boxed{A} < x < \boxed{B}$$

のとき，右辺の式は意味を持つ。以下では，$\boxed{A} < x < \boxed{B}$ を関数 $f(x)$ の定義域とする。

(1) 関数 $f(x)$ は，$x = \boxed{C}$ のとき最大値 $\log\left(\dfrac{\boxed{D}}{\boxed{E}}\right)$ をとる。また，$f(x)$ の導関数は

$$f'(x) = \frac{\boxed{F}\left(\boxed{G} - x\right)}{x\left(\boxed{H} - x\right)}$$

である。これより，曲線 $y = f(x)$ の点 $(1,\ f(1))$ における接線の方程式は

$$y = \frac{\boxed{I}}{\boxed{J}}x - \frac{\boxed{K}}{\boxed{L}}$$

である。

(2) 曲線 $y = f(x)$ と x 軸で囲まれる図形の面積 S を求めよう。S を積分で表すと

$$S = \int_{\boxed{M}}^{\boxed{N}} \log\left\{\frac{x(4-x)}{3}\right\} dx$$

である。ここで，部分積分を行うと

$$\int_{\boxed{M}}^{\boxed{N}} \log\left\{\frac{x(4-x)}{3}\right\} dx = \int_{\boxed{M}}^{\boxed{N}} (x)' \log\left\{\frac{x(4-x)}{3}\right\} dx$$

$$= \int_{\boxed{M}}^{\boxed{N}} \frac{\boxed{O}\left(\boxed{P} - x\right)}{x - \boxed{Q}} dx$$

である。したがって，求める面積は

$$S = \boxed{RS} + \boxed{T} \log 3$$

である。

- 計算欄（memo）-

실전 모의고사 2회

Ⅳ の問題はこれで終わりです。Ⅳ の解答欄 U ～ Z はマークしないでください。

第3回
模擬試験

問1　a を実数の定数とするとき，x の 2 次関数

$$f(x) = 9x^2 - 12ax + 2a^2 + 6a - 6$$

を考える。放物線 $y = f(x)$ を C として，C の頂点を A とおく。このとき，以下の問いに答えなさい。

(1)　頂点 A の座標は

$$A\left(\frac{\boxed{A}}{\boxed{B}}a, \ -\boxed{C}a^2 + \boxed{D}a - 6 \right)$$

である。

(2)　頂点 A の y 座標は，$a = \dfrac{\boxed{E}}{\boxed{F}}$ のとき最大値 $-\dfrac{\boxed{G}}{\boxed{H}}$ をとる。

(3)　放物線 C と x 軸との 2 つの交点を B, C として，線分 BC の長さを ℓ とする。a が $0 \leq a \leq 2$ の範囲で動くとき，ℓ のとり得る値の範囲は

$$\frac{\sqrt{\boxed{I}}}{\boxed{J}} \leq \ell \leq \frac{\boxed{K}}{\boxed{L}}\sqrt{\boxed{I}}$$

である。

- 計算欄（memo）-

問2　　数字の 0 が 3 個, 1 が 3 個, 2 が 4 個ある。これらを並べて 10 桁の整数を作る。このとき,
　　　次の問いに答えなさい。

　(1)　最高位が 1 である整数は $\boxed{\text{MNOP}}$ 個ある。また, 10 桁の整数は全部で $\boxed{\text{QRST}}$ 個ある。

　(2)　10 の倍数である整数は $\boxed{\text{UVW}}$ 個ある。10 の倍数であるが 100 の倍数ではない整数は
　　　$\boxed{\text{XYZ}}$ 個ある。

－ 計算欄（memo）－

Ⅰ の問題はこれで終わりです。

$$\boxed{\text{II}}$$

問1　　三角形 OAB があり，各辺の長さは

$$\text{OA} = 4, \quad \text{OB} = 6, \quad \text{AB} = 5$$

である。さらに

$$\overrightarrow{\text{OA}} = \vec{a}, \quad \overrightarrow{\text{OB}} = \vec{b}$$

とおく。三角形 OAB の重心を G，直線 OG の延長線と辺 AB との交点を C とする。このとき，以下の問いに答えなさい。

$\vec{a}$ と $\vec{b}$ の内積は

$$\vec{a} \cdot \vec{b} = \frac{\boxed{\text{AB}}}{\boxed{\text{C}}}$$

である。これより

$$\overrightarrow{\text{GA}} = \frac{\boxed{\text{D}}\ \vec{a} - \vec{b}}{3}, \quad \left| \overrightarrow{\text{GA}} \right| = \frac{\sqrt{\boxed{\text{EF}}}}{3}$$

である。

また

$$\overrightarrow{\text{CO}} \cdot \overrightarrow{\text{CA}} = \boxed{\text{G}}, \quad \left| \overrightarrow{\text{CO}} \right| = \frac{\sqrt{\boxed{\text{HI}}}}{2}, \quad \left| \overrightarrow{\text{CA}} \right| = \frac{\boxed{\text{J}}}{2}$$

であり，したがって

$$\sin \angle \text{ACO} = \frac{3\sqrt{\boxed{\text{KLM}}}}{\boxed{\text{HI}}}$$

である。

- 計算欄（memo） -

- 計算欄（memo） -

問2　複素数 α, β は

$$|\alpha|=1, \ |\beta|=\sqrt{2} \qquad \cdots\cdots①$$

$$|\alpha-\beta|=1 \qquad \cdots\cdots②$$

を満たす。また，偏角について

$$0<\arg\alpha<\arg\beta<2\pi$$

を満たしている。このとき，次の問いに答えなさい。

(1)　① より

$$\alpha\overline{\alpha}=\boxed{\textbf{N}}, \ \ \beta\overline{\beta}=\boxed{\textbf{O}}$$

であり，② より

$$\alpha\overline{\beta}+\overline{\alpha}\beta=\boxed{\textbf{P}} \qquad \cdots\cdots③$$

である。また，複素数平面で 2 点 A(α), B(β) を考えると

$$\overrightarrow{\mathrm{OA}}\cdot\overrightarrow{\mathrm{OB}}=\frac{\alpha\overline{\beta}+\overline{\alpha}\beta}{\boxed{\textbf{Q}}}=\boxed{\textbf{R}}$$

である。これより

$$\angle\mathrm{AOB}=\frac{\pi}{\boxed{\textbf{S}}}$$

である。

(2)　③ より，$\dfrac{\beta}{\alpha}$ は 2 次方程式

$$\left(\frac{\beta}{\alpha}\right)^2-\boxed{\textbf{T}}\left(\frac{\beta}{\alpha}\right)+\boxed{\textbf{U}}=0$$

を満たす。これより，$\dfrac{\beta}{\alpha}$ を極形式で表すと

$$\frac{\beta}{\alpha}=\sqrt{\boxed{\textbf{V}}}\left(\cos\frac{\pi}{\boxed{\textbf{W}}}+i\sin\frac{\pi}{\boxed{\textbf{X}}}\right)$$

である。

(3)　(2) より $\qquad |\alpha^8+\beta^8|=\boxed{\textbf{YZ}} \qquad$ である。

- 計算欄（memo）-

- 計算欄（memo）-

$\boxed{\text{II}}$ の問題はこれで終わりです。

t を正の実数とする。xy 平面上の 3 点

$$\mathrm{A}(t,\ t),\quad \mathrm{B}(-t,\ 5t),\quad \mathrm{C}(0,\ -t^2)\quad (t>0)$$

を通る放物線を C として，C の頂点を P とする。このとき以下の問いに答えなさい。

(1)　放物線 C の式は

$$y=\left(\frac{t+\boxed{\text{A}}}{t}\right)x^2-\boxed{\text{B}}\,x-t^2$$

であり，頂点 P の座標は

$$\mathrm{P}\left(\frac{t}{t+\boxed{\text{C}}},\ -t^2+\frac{\boxed{\text{D}}}{t+\boxed{\text{E}}}-\boxed{\text{F}}\right)$$

である。

(2)　頂点 P を $(x,\ y)$ とおく。t が $t>0$ の範囲で動くとき，x のとり得る値の範囲は

$$\boxed{\text{G}}<x<\boxed{\text{H}}$$

である。また

$$\frac{dx}{dt}=\frac{\boxed{\text{I}}}{\left(t+\boxed{\text{J}}\right)^{\boxed{\text{K}}}}$$

$$\frac{dy}{dt}=\boxed{\text{LM}}\,t-\frac{\boxed{\text{N}}}{\left(t+\boxed{\text{O}}\right)^{\boxed{\text{P}}}}$$

$$\frac{dy}{dx}=-\frac{\boxed{\text{Q}}}{\boxed{\text{R}}}\,t\left(t+\boxed{\text{S}}\right)^{\boxed{\text{T}}}-\boxed{\text{U}}$$

である。よって，点 P が描く曲線は漸近線 $x=\boxed{\text{V}}$ を持つことがわかる。

- 計算欄（memo）-

- 計算欄（memo）-

Ⅲ の問題はこれで終わりです。 Ⅲ の解答欄 **W** ～ **Z** はマークしないでください。

$$\boxed{\text{IV}}$$

区間 $0 \leqq x < \dfrac{\pi}{2}$ を定義域とする関数

$$f(x) = \sin 2x - \frac{3}{4}\tan x$$

を考える。このとき，以下の問いに答えなさい。

(1) 関数 $f(x)$ の導関数は

$$f'(x) = \frac{\left(\boxed{\text{A}}\cos x + \sqrt{\boxed{\text{B}}}\right)\left(\boxed{\text{C}}\cos x + \sqrt{\boxed{\text{D}}}\right)\left(\boxed{\text{E}}\cos^2 x + \boxed{\text{F}}\right)}{4\cos^2 x}$$

である。よって，$0 \leqq x < \dfrac{\pi}{2}$ の範囲では，関数 $f(x)$ は $x = \dfrac{\pi}{\boxed{\text{G}}}$ で極大値 $\sqrt{\dfrac{\boxed{\text{H}}}{\boxed{\text{I}}}}$ をとり，

極小値は持たない。

(2) (1)より，$0 \leqq x < \dfrac{\pi}{2}$ の範囲では，曲線 $y = f(x)$ は x 軸と $x = 0$ と他の 1 点で交わる。この点

を A として，A の x 座標を α とすると

$$\cos \alpha = \sqrt{\frac{\boxed{\text{J}}}{\boxed{\text{K}}}}, \quad \sin \alpha = \sqrt{\frac{\boxed{\text{LM}}}{\boxed{\text{N}}}}$$

である。また，点 A における曲線 $y = f(x)$ の接線の傾きは $-\dfrac{\boxed{\text{O}}}{\boxed{\text{P}}}$ である。

$\left(\boxed{\text{IV}}\text{は次ページに続く}\right)$

(3)　次の定積分は，$u = \cos x$ と置き換えて計算すると

$$\int_0^{\frac{\pi}{4}} \tan x \, dx = \log \sqrt{\boxed{\text{Q}}}$$

である。

(4)　曲線 $y = f(x)$ と x 軸で囲まれる図形の面積 S は

$$S = \int_0^{\alpha} f(x) \, dx = \frac{\boxed{\text{R}}}{\boxed{\text{S}}} + \frac{\boxed{\text{T}}}{\boxed{\text{U}}} \log 3 - \frac{\boxed{\text{V}}}{\boxed{\text{W}}} \log 2$$

である。

$\boxed{\text{IV}}$ の問題はこれで終わりです。　$\boxed{\text{IV}}$ の解答欄 $\boxed{\text{X}} \sim \boxed{\text{Z}}$ はマークしないでください。

第4回
模擬試験

$$\boxed{\text{I}}$$

問1　t を正の実数とする。xy 平面上の 3 点
$$\mathrm{O}(0,\ 0),\ \ \mathrm{A}(4t,\ 4t),\ \ \mathrm{B}(-3t,\ 3t)$$
を通る放物線を C として，C の頂点を C とする。このとき以下の問いに答えなさい。

(1)　放物線 C の式を $y=ax^2+bx+c$ とすると，C が点 O を通ることから
$$c=\boxed{\ \mathbf{A}\ }$$
である。さらに，C が点 A を通ることから
$$\boxed{\ \mathbf{B}\ }\,ta+b=1$$
であり，C が点 B を通ることから
$$\boxed{\ \mathbf{C}\ }\,ta-b=1$$
である。これより，C の方程式は
$$y=\left(\dfrac{\boxed{\ \mathbf{D}\ }}{\boxed{\ \mathbf{E}\ }\,t}\right)x^2-\dfrac{1}{\boxed{\ \mathbf{F}\ }}\,x$$
であり，頂点 C の座標は
$$\mathrm{C}\left(\dfrac{1}{\boxed{\ \mathbf{G}\ }}\,t,\ -\dfrac{1}{\boxed{\ \mathbf{HI}\ }}\,t\right)$$
である。

(2)　放物線 C と x 軸の交点で O でないものを D とする。t が $2\leqq t\leqq 4$ の範囲で動くとき，三角形 OCD の面積 $\triangle$OCD のとり得る値の範囲は
$$\dfrac{1}{\boxed{\ \mathbf{JK}\ }}\leqq \triangle\mathrm{OCD}\leqq \dfrac{1}{\boxed{\ \mathbf{LM}\ }}$$
である。

－ 計算欄（memo）－

問2　　Aさんは赤い球2個と白い球1個が入った袋を持っていて，Bさんは赤い球1個と白い球2個が入った袋を持っている。AさんとBさんは，自分の袋から球を1個取り出して，球の色を確認した後、互いの球を交換して自分の袋に入れる，という試行を行う。ここで，Aさんの赤い球がn個$(n=0, 1, 2, 3)$のときを状態nとする。試行を行う前は状態2である。このとき，次の問いに答えなさい。

(1)　1回目の試行で，AさんとBさんが同じ色の球を取り出すとき，この確率は$\dfrac{\boxed{N}}{\boxed{O}}$である。

　このとき，状態2から再び状態2になる。

(2)　1回目の試行後に，状態2から状態1に移る確率は$\dfrac{\boxed{P}}{\boxed{Q}}$であり，状態2から状態0に移る確率は$\boxed{R}$である。

(3)　1回目の試行後に別の状態に移り，かつ，2回目の試行後に状態2に戻る確率は$\dfrac{\boxed{ST}}{\boxed{UV}}$である。

(4)　1回目の試行後に別の状態に移り，その後、途中で状態2を経由することなく、4回目の試行後に初めて状態2に戻る確率は$\dfrac{\boxed{WXY}}{\boxed{Z}^9}$である。

- 計算欄（memo）-

$\boxed{\text{I}}$ の問題はこれで終わりです。

- 計算欄（memo）-

II

問1　次の文中の $\boxed{\text{D}}$, $\boxed{\text{G}}$, $\boxed{\text{H}}$, $\boxed{\text{K}}$ には，右下の選択肢 ⓪ ～ ⑨ の中から適するものを選び，その他の $\boxed{}$ には適する数を入れなさい。

xy 平面において，中心が O で半径 1 の円を C とする。C 上に 3 点
$$\mathrm{A}(1,\ 0),\ \mathrm{B}(\cos\beta,\ \sin\beta),\ \mathrm{C}(\cos\theta,\ \sin\theta)$$
をとる。ただし，$0 \leqq \theta < 2\pi$ とする。また，$\overrightarrow{\mathrm{AB}}$ と $\overrightarrow{\mathrm{AC}}$ の内積 $\overrightarrow{\mathrm{AB}} \cdot \overrightarrow{\mathrm{AC}}$ を I とする。このとき，以下の問いに答えなさい，

(1)　$\beta = \dfrac{\pi}{2}$ のとき
$$I = \sqrt{\boxed{\text{A}}}\,\sin\left(\theta - \dfrac{\pi}{\boxed{\text{B}}}\right) + \boxed{\text{C}}$$

である。よって，I は
$$\theta = \boxed{\text{D}} \quad \text{のとき，最大値} \quad \boxed{\text{E}} + \sqrt{\boxed{\text{F}}},$$
$$\theta = \boxed{\text{G}} \quad \text{のとき，最小値} \quad \boxed{\text{E}} - \sqrt{\boxed{\text{F}}}$$
をとる。

(2)　$\beta = \dfrac{\pi}{3}$ のとき，I は
$$\theta = \boxed{\text{H}} \quad \text{のとき，最大値} \quad \dfrac{\boxed{\text{I}}}{\boxed{\text{J}}},$$
$$\theta = \boxed{\text{K}} \quad \text{のとき，最小値} \quad -\dfrac{\boxed{\text{L}}}{\boxed{\text{M}}}$$
をとる。

選択肢

⓪ $\dfrac{\pi}{6}$	① $\dfrac{\pi}{4}$	② $\dfrac{\pi}{3}$	③ $\dfrac{\pi}{2}$	④ $\dfrac{2}{3}\pi$
⑤ $\dfrac{3}{4}\pi$	⑥ π	⑦ $\dfrac{4}{3}\pi$	⑧ $\dfrac{5}{3}\pi$	⑨ $\dfrac{7}{4}\pi$

- 計算欄（memo）-

問2 　実数 a, b と複素数 α が

$$\alpha = a + bi \quad かつ \quad a > 0$$

を満たすとき，z の 2 次方程式

$$z^2 - \alpha z + 24i = 0 \qquad \cdots\cdots ①$$

について考える。このとき，次の問いに答えなさい。

(1) 　① が実数解を持つとき，$ab = \boxed{\textbf{NO}}$ である。さらに，$|\alpha|$ が最小となるとき，① の解は

$$z = \boxed{\textbf{P}}\sqrt{\boxed{\textbf{Q}}}, \ \boxed{\textbf{R}}\sqrt{\boxed{\textbf{S}}}\,i$$

　である。

(2) 　① が絶対値が 4 である虚数解を持ち，かつ，$|\alpha|$ が最小となる場合を考える。このとき

$$\alpha = \sqrt{\boxed{\textbf{T}}} - \sqrt{\boxed{\textbf{U}}}\,i$$

　であり，① の解は

$$z = \boxed{\textbf{V}}\sqrt{\boxed{\textbf{W}}}(-1+i), \ \boxed{\textbf{X}}\sqrt{\boxed{\textbf{Y}}}(1-i)$$

　である。

- 計算欄（memo）-

Ⅱ の問題はこれで終わりです。　Ⅱ の解答欄　**Z**　はマークしないでください。

$$\boxed{\text{III}}$$

次の文中の $\boxed{\text{C}}$, $\boxed{\text{D}}$, $\boxed{\text{E}}$, $\boxed{\text{I}}$, $\boxed{\text{K}}$ には，右下の選択肢 ⓪ ～ ⑧ の中から適するものを選び，その他の $\boxed{}$ には適する数を入れなさい。

実数全体を定義域とする関数

$$f(x) = \begin{cases} \dfrac{\sin^2 x}{x} & \cdots\cdots \quad x \neq 0 \\[2ex] 0 & \cdots\cdots \quad x = 0 \end{cases}$$

を考える。このとき，以下の問いに答えなさい。

(1) 極限値を計算すると

$$\lim_{x \to 0} \frac{\sin^2 x}{x} = \boxed{\text{A}}$$

である。$x \neq 0$ における $f(x)$ の導関数は

$$f'(x) = \frac{\boxed{\text{B}}\, x\, \boxed{\text{C}} - \boxed{\text{D}}}{\boxed{\text{E}}}$$

である。次に，定義に基づいて $x = 0$ における微分係数を求めると

$$f'(0) = \lim_{x \to 0} \frac{f(x) - f(0)}{x} = \boxed{\text{F}}$$

であり，また

$$\lim_{x \to 0} f'(x) = \boxed{\text{G}}$$

である。

(2) $0 < x \leqq \pi$ のとき，2 曲線 $y = f(x)$ と $y = \dfrac{1}{x}$ は共通の接線 ℓ を持つ。ℓ の方程式は

$$y = -\frac{\boxed{\text{H}}}{\boxed{\text{I}}} x + \frac{\boxed{\text{J}}}{\boxed{\text{K}}}$$

である。

$$\left(\boxed{\text{III}} \text{は次ページに続く} \right)$$

(3)　$0<x\leqq\pi$ のとき，曲線 $y=\tan x$ と直線 $y=2x$ を比べると，関数 $f(x)$ は極大値を 1 つもつことが分かる。極大値をとるときの x の値を α とすると

$$f(\alpha)=\frac{\boxed{\text{L}}\,\alpha}{1+\boxed{\text{M}}\,\alpha^2}$$

である。さらに，$f(\alpha)$ の整数部分は $\boxed{\text{N}}$ である。

選択肢

⓪ $\sin^2 x$	① $\sin x\cos x$	② $\cos^2 x$
③ x	④ x^2	⑤ x^3
⑥ π	⑦ π^2	⑧ π^3

$\boxed{\text{III}}$ の問題はこれで終わりです。$\boxed{\text{III}}$ の解答欄 $\boxed{\text{O}}$ ～ $\boxed{\text{Z}}$ はマークしないでください。

$$\boxed{\textbf{IV}}$$

次の文中の $\boxed{\text{V}}$ には，右下の選択肢 ⓪ ～ ② の中から適するものを選び，その他の $\boxed{}$ には適する数を入れなさい。

実数全体を定義域とする関数
$$f(x)=(6-x^2)e^{-2x}$$
を考える。このとき，次の問いに答えなさい。ただし，必要ならば
$$\lim_{x\to\infty}\frac{\log x}{x}=0$$
であることを用いてもよい。

(1) $\displaystyle\lim_{x\to\infty}f(x)=\boxed{\text{A}}$ である。これより，曲線 $y=f(x)$ は漸近線 $y=\boxed{\text{B}}$ を持つ。

(2) $f(x)$ の導関数は
$$f'(x)=\boxed{\text{C}}\left(x-\boxed{\text{D}}\right)\left(x+\boxed{\text{E}}\right)e^{-\boxed{\text{F}}x}$$
である。したがって，関数 $f(x)$ は，$x=\boxed{\text{GH}}$ において極大値 $\boxed{\text{I}}\,e^{\boxed{\text{J}}}$ をとり，$x=\boxed{\text{K}}$ において極小値 $\boxed{\text{LM}}\,e^{\boxed{\text{NO}}}$ をとる。

(3) $f(x)$ の原始関数は
$$\int f(x)\,dx=\frac{1}{\boxed{\text{P}}}\left(\boxed{\text{Q}}\,x^2+\boxed{\text{R}}\,x-\boxed{\text{ST}}\right)e^{-\boxed{\text{U}}x}+C\quad(C\text{ は定数})$$
である。ここで，曲線 $y=f(x)$ と直線 $x=2$ と x 軸で囲まれる部分の面積を S_1，曲線 $y=f(x)$ と直線 $x=3$ と x 軸で囲まれる部分の面積を S_2 とすると
$$S_1\boxed{\text{V}}S_2$$
である。

$\boxed{\text{選択肢}}$

⓪ $<$ 　　　① $=$ 　　　② $>$

－ 計算欄（memo） －

－ 計算欄（memo） －

IV の問題はこれで終わりです。 IV の解答欄 W ～ Z はマークしないでください。

第5回
模擬試験

$$\boxed{\text{I}}$$

問1　a を正の実数とする。2 つの 2 次関数

$$f(x)=(a^2+1)x^2+(2a-3)x+3, \quad g(x)=5x^2-4x+3$$

を考える。このとき，次の問いに答えなさい。

(1)　放物線 $y=f(x)$ を，x 軸方向に p，y 軸方向に q だけ平行移動すると放物線 $y=g(x)$ になった。このとき，$a=\boxed{\text{A}}$ であり，放物線 $y=f(x)$ の頂点の座標は

$$\left(-\frac{1}{\boxed{\text{BC}}}, \ \frac{\boxed{\text{DE}}}{\boxed{\text{FG}}}\right)$$

である。したがって

$$p=\frac{\boxed{\text{H}}}{\boxed{\text{I}}}, \quad q=-\frac{\boxed{\text{J}}}{\boxed{\text{K}}}$$

である。

(2)　$a=\boxed{\text{A}}$ のとき，放物線 $y=f(x)$ を y 軸方向に r だけ平行移動すると，x 軸の $x\geqq 1$ の部分と交わった。このような r の最大値は $-\boxed{\text{L}}$ である。

- 計算欄（memo） -

問2　　4枚の赤色のカードそれぞれに 1, 2, 3, 4 の数字を書き，4枚の青色のカードそれぞれに 1, 2, 3, 4 の数字を書く。これらの 8 枚のカードから 4 枚を選んで左から順に並べる試行を行う。並んだカードの数字を左から順に x, y, z, w として，次のルールにより得点をもらえるとする。

(ⅰ)　$x < y < z < w$ の場合は，3 点をもらえる。

(ⅱ)　$x \leqq y \leqq z \leqq w$，かつ，同じ数字のカードが 1 種類ある場合は，2 点をもらえる。

(ⅲ)　$x \leqq y \leqq z \leqq w$，かつ，同じ数字のカードが 2 種類ある場合は，1 点をもらえる。

(ⅳ)　上記以外の場合は 0 点とする。

　例えば，赤 1，赤 2，青 2，青 3 と並んだ場合は 1 点であり，赤 2，赤 3，青 3，赤 1 と並んだ場合は 0 点である。このとき，次の問いに答えなさい。

(1)　3 点をもらえる確率は $\dfrac{1}{\boxed{\text{MNO}}}$ である。

(2)　2 点をもらえる確率は $\dfrac{\boxed{\text{P}}}{\boxed{\text{QR}}}$ である。

(3)　1 点をもらえる確率は $\dfrac{1}{\boxed{\text{ST}}}$ であり，0 点である確率は $\dfrac{\boxed{\text{UVW}}}{\boxed{\text{XYZ}}}$ である。

- 計算欄（memo） -

- 計算欄（memo） -

$\boxed{\text{I}}$ の問題はこれで終わりです。

問1　次の文中の $\boxed{\text{F}}$，$\boxed{\text{H}}$，$\boxed{\text{J}}$，$\boxed{\text{K}}$ には，右下の選択肢 ⓪ 〜 ⑨ の中から適するものを選び，その他の $\boxed{}$ には適する数を入れなさい。

2つの数列 $\{a_n\}$，$\{b_n\}$ は

$$a_1 = -4, \quad b_1 = 1$$

と漸化式

$$\begin{cases} a_{n+1} = a_n - 12b_n \\ b_{n+1} = 2a_n + 11b_n \end{cases} \quad (n = 1, \ 2, \ \cdots\cdots)$$

を満たしている。このとき，以下の問いに答えなさい。

(1)　一般項 a_n，b_n を求めてみよう。

定数 c，r で

$$a_{n+1} + cb_{n+1} = r(a_n + cb_n) \quad (n = 1, \ 2, \ \cdots\cdots)$$

を満たすものは

$$(c, \ r) = \left(\boxed{\text{A}} , \ \boxed{\text{B}} \right), \ \left(\boxed{\text{C}} , \ \boxed{\text{D}} \right)$$

である。ただし，$\boxed{\text{A}} < \boxed{\text{C}}$ とする。したがって

$$\begin{cases} a_{n+1} + \boxed{\text{A}}\, b_{n+1} = \boxed{\text{B}} \left(a_n + \boxed{\text{A}}\, b_n \right) \\ a_{n+1} + \boxed{\text{C}}\, b_{n+1} = \boxed{\text{D}} \left(a_n + \boxed{\text{C}}\, b_n \right) \end{cases} \quad (n = 1, \ 2, \ \cdots\cdots)$$

であり，求める一般項は

$$\begin{cases} a_n = \boxed{\text{E}} \cdot \boxed{\text{F}} - \boxed{\text{G}} \cdot \boxed{\text{H}} \\ b_n = \boxed{\text{I}} \cdot \boxed{\text{J}} - \boxed{\text{K}} \end{cases}$$

である。

$\left(\boxed{\text{II}\,問1} \text{は次ページに続く} \right)$

(2) (1) より

- 計算欄（memo）-

$$\lim_{n \to \infty} \frac{a_n}{b_n} = \boxed{\textbf{LM}}, \quad \lim_{n \to \infty} \frac{\log a_n}{n} = \log \boxed{\textbf{N}}$$

である。

選択肢

⓪ 2^{n-1}	① 2^n	② 3^{n-1}	③ 3^n
④ 5^{n-1}	⑤ 5^n	⑥ 7^{n-1}	⑦ 7^n
⑧ 11^{n-1}	⑨ 11^n		

問2　　次の文中の $\boxed{\text{ Y }}$ には，右下の選択肢 ⓪ 〜 ③ の中から適するものを選び，その他の
　　　$\boxed{}$ には適する数を入れなさい。

　　t を正の実数として，複素数平面上の3点
$$\text{A}(2t+1-5i),\ \text{B}(-1+(t+1)i),\ \text{C}(2-i)$$
が直線 ℓ 上にあるとする。また，円 C の方程式を
$$C : z\overline{z}-(2-4i)z-(2+4i)\overline{z}+10=0$$
とする。このとき，次の問いに答えなさい。

(1)　$t=\boxed{\text{ O }}$ であり，直線 ℓ の方程式は
$$\left(\boxed{\text{ P }}-\boxed{\text{ Q }}\,i\right)z+\left(\boxed{\text{ R }}+\boxed{\text{ S }}\,i\right)\overline{z}=10$$
　　である。

(2)　円 C の方程式は
$$C : \left|z-\boxed{\text{ T }}-\boxed{\text{ U }}\,i\right|=\sqrt{\boxed{\text{ VW }}}$$

　　と表される。C の中心と ℓ との距離は $\boxed{\text{ X }}$ であり，C と ℓ の交点の個数は $\boxed{\text{ Y }}$ である。

$\boxed{\text{選択肢}}$

　　　　　⓪ 0　　　　① 1　　　　② 2　　　　③ 3

- 計算欄（memo）-

실전 모의고사 5회

- 計算欄（memo）-

Ⅱ の問題はこれで終わりです。 Ⅱ の解答欄 **Z** はマークしないでください。

$$\boxed{\text{III}}$$

k を実数の定数として，x の 3 次方程式
$$x^3 - kx + 2k = 0 \qquad \cdots\cdots ①$$
を考える。このとき，以下の問いに答えなさい。

(1) 方程式 ① が，$x > 2$ を満たす相異なる解を 2 つ持つための条件を求めてみよう。

　　$x = 2$ は ① の解ではないので，① を
$$\frac{x^3}{x-2} = k \qquad \cdots\cdots ②$$
と変形することができる。② の左辺を $f(x)$ とおくとき，曲線 $y = f(x)$ と直線 $y = k$ との交点の x 座標が ① の実数解である。

　　$f(x)$ は
$$f(x) = x^2 + \boxed{\text{A}}\, x + \boxed{\text{B}} + \frac{\boxed{\text{C}}}{x - \boxed{\text{D}}}$$

と変形できる。よって，曲線 $y = f(x)$ は漸近線 $x = \boxed{\text{D}}$ を持つ。さらに，$f(x)$ の導関数は
$$f'(x) = \frac{\boxed{\text{E}}\, x^2 \left(x - \boxed{\text{F}} \right)}{\left(x - \boxed{\text{G}} \right)^2}$$

であり，関数 $f(x)$ は，$x = \boxed{\text{H}}$ で極小値 $\boxed{\text{IJ}}$ を持つ。

　　したがって，① が $x > 2$ を満たす相異なる解を 2 つ持つための条件は $k > \boxed{\text{KL}}$ である。

(2) k を実数の定数とする。(1) と同様に考えると，$1 \leqq x \leqq 2$ のとき 2 次不等式
$$x^2 - 2kx + 1 > 0$$
が常に成り立つための条件は
$$k < \boxed{\text{M}}$$
である。

- 計算欄（memo）-

- 計算欄（memo）-

Ⅲ の問題はこれで終わりです。 Ⅲ の解答欄 N ～ Z はマークしないでください。

次の文中の $\boxed{\text{A}}$, $\boxed{\text{B}}$, $\boxed{\text{C}}$ には適する数を入れて，その他の $\boxed{}$ には，右下の選択肢 ⓪ 〜 ⑨ の中から適するものを選びなさい。

$x>0$ かつ $x\neq1$ である範囲を定義域とする関数

$$f(x)=\frac{\sqrt{x}}{\log x}\quad(x>0\text{ かつ }x\neq1)$$

を考える。このとき，次の問いに答えなさい。

(1) $f(x)$ の導関数は

$$f'(x)=\frac{\log x-\boxed{\text{A}}}{\boxed{\text{B}}\,\sqrt{x}\,(\log x)^{\boxed{\text{C}}}}$$

である。よって，関数 $f(x)$ は，$x=\boxed{\text{D}}$ において，極小値 $\boxed{\text{E}}$ をとる。これより，$x>0$ の範囲において，不等式

$$\sqrt{x}\geqq\boxed{\text{E}}\,\log x$$

が常に成り立つ。

(2) 2曲線 $y=\sqrt{x}$ と $y=\boxed{\text{E}}\,\log x$ は，$x=\boxed{\text{D}}$ において共通の接線を持つ。この接線の方程式は

$$y=\frac{1}{\boxed{\text{F}}}x+\boxed{\text{G}}$$

である。

$\left(\boxed{\text{IV}}\text{ は次ページに続く}\right)$

(3)　2 曲線 $y = \sqrt{x}$, $y = \boxed{\text{E}}\ \log x$ と x 軸で囲まれる部分の面積を S とすると

$$S = \boxed{\text{H}} - \boxed{\text{I}}$$

である。

$\boxed{選択肢}$

$\textcircled{0}$　e　　　　$\textcircled{1}$　$2e$　　　　$\textcircled{2}$　$\dfrac{e}{2}$　　　　$\textcircled{3}$　e^2

$\textcircled{4}$　$2e^2$　　　　$\textcircled{5}$　$\dfrac{e^2}{2}$　　　　$\textcircled{6}$　e^3　　　　$\textcircled{7}$　$\dfrac{e^3}{2}$

$\textcircled{8}$　$\dfrac{e^3}{3}$　　　　$\textcircled{9}$　$\dfrac{e^3}{6}$

$\boxed{\text{IV}}$ の問題はこれで終わりです。$\boxed{\text{IV}}$ の解答欄 $\boxed{\text{J}} \sim \boxed{\text{Z}}$ はマークしないでください。

第6回

模擬試験

問1　k を実数とする。xy 平面上の 3 点

$$A(0,\ 7k^2+4k+4),\ B(1,\ 14k^2+4k+11),\ C(-1,\ 2k^2+4k-1)$$

を通る放物線を C として，C の頂点を P とする。このとき，以下の問いに答えなさい。

(1)　放物線 C の方程式は

$$y=\left(k^2+\boxed{\text{A}}\,\right)x^2+\boxed{\text{B}}\left(k^2+\boxed{\text{C}}\,\right)x+7k^2+4k+4$$

であり，頂点 P の座標は

$$\text{P}\!\left(-\boxed{\text{D}}\,,\ -\boxed{\text{E}}\,k^2+\boxed{\text{F}}\,k-\boxed{\text{G}}\,\right)$$

である。

(2)　k が実数全体を動くとき，頂点 P の y 座標は

$$k=\boxed{\text{H}}\ \text{のとき，最大値}\ \boxed{\text{IJ}}$$

をとる。また，$k=\boxed{\text{H}}$ のとき，放物線 C と x 軸との交点の x 座標は

$$x=\boxed{\text{KL}}\pm\sqrt{\dfrac{\boxed{\text{M}}}{\boxed{\text{N}}}}$$

である。

- **計算欄（memo）** -

問2　　8個のボールのそれぞれに，1から8までの数字を1つずつ書く。これらの8個のボールを，
　　　箱Aに3個，箱Bに3個，箱Cに2個入れる。このとき，以下の問いに答えなさい。

(1)　8個のボールの入れ方の総数は $\boxed{\text{OPQ}}$ である。

(2)　箱Aに入った3個のボールの番号の積が3の倍数ではない場合，このようなボールの入れ
　　　方の総数は $\boxed{\text{RST}}$ である。また，箱Aと箱Bの両方について，箱に入った3個のボール
　　　の番号の積が3の倍数ではない場合，このようなボールの入れ方の総数は $\boxed{\text{UV}}$ である。

(3)　箱Aに入った3個のボールの番号の積が3の倍数であり，かつ，箱Bに入った3個のボー
　　　ルの番号の積が3の倍数ではない場合，このようなボールの入れ方の総数は $\boxed{\text{WXY}}$ である。

－ 計算欄（memo）－

－ 計算欄（memo）－

I の問題はこれで終わりです。 I の解答欄 Z はマークしないでください。

$\boxed{\text{II}}$

問1　　整数の数列 $\{a_n\}$, $\{b_n\}$, $\{c_n\}$, $\{d_n\}$ は

$$a_n + b_n\sqrt{2} + c_n\sqrt{3} + d_n\sqrt{6} = (\sqrt{2}+\sqrt{3})^{2n-1} \quad (n = 1,\ 2,\ \cdots\cdots)$$

を満たしている。このとき，以下の問いに答えなさい，

(1)　数列 $\{a_n\}$, $\{b_n\}$, $\{c_n\}$, $\{d_n\}$ について，2 項間漸化式

$$\begin{cases} a_{n+1} = \boxed{\ \text{A}\ }\,a_n + \boxed{\ \text{BC}\ }\,d_n \\ b_{n+1} = \boxed{\ \text{D}\ }\,b_n + \boxed{\ \text{E}\ }\,c_n \\ c_{n+1} = \boxed{\ \text{F}\ }\,b_n + \boxed{\ \text{G}\ }\,c_n \\ d_{n+1} = \boxed{\ \text{H}\ }\,a_n + \boxed{\ \text{I}\ }\,d_n \end{cases} \quad (n = 1,\ 2,\ \cdots\cdots)$$

が成り立つ。

(2)　数列 $\{a_n\}$, $\{d_n\}$ は

$$a_n = \boxed{\ \text{J}\ },\quad d_n = \boxed{\ \text{K}\ } \quad (n = 1,\ 2,\ \cdots\cdots)$$

を満たす。また，数列 $\{b_n\}$ について，3 項間漸化式

$$b_{n+2} - \boxed{\ \text{LM}\ }\,b_{n+1} + b_n = 0 \quad (n = 1,\ 2,\ \cdots\cdots)$$

が成り立つ。これより，b_{2022} を 10 で割った余りは $\boxed{\ \text{N}\ }$ である。

- 計算欄 (memo) -

問2　四面体 OABC があり，各辺の長さは

$$OA = \sqrt{5}, \quad OB = 2, \quad OC = \sqrt{3},$$
$$AB = \sqrt{3}, \quad BC = \sqrt{3}, \quad CA = \sqrt{2}$$

を満たしている。また

$$\vec{a} = \overrightarrow{OA}, \quad \vec{b} = \overrightarrow{OB}, \quad \vec{c} = \overrightarrow{OC}$$

とする。このとき，次の問いに答えなさい。

(1)　内積について

$$\vec{a} \cdot \vec{b} = \boxed{O}, \quad \vec{b} \cdot \vec{c} = \boxed{P}, \quad \vec{c} \cdot \vec{a} = \boxed{Q}$$

である。これより，三角形 OAB の面積 △OAB は

$$\triangle OAB = \frac{\sqrt{\boxed{RS}}}{\boxed{T}}$$

である。

(2)　点 C から平面 OAB に垂線をおろしたときの交点を H とすると

$$\overrightarrow{OH} = x\vec{a} + y\vec{b}$$

を満たす実数 x, y が存在する。$\overrightarrow{CH}$ は平面 OAB と垂直であることから，x, y を計算すると

$$\overrightarrow{OH} = \frac{\boxed{U}\,\vec{a} + \vec{b}}{\boxed{VW}}$$

となる。したがって，四面体 OABC の体積 V は

$$V = \frac{\sqrt{\boxed{XY}}}{\boxed{Z}}$$

である。

- 計算欄（memo） -

- 計算欄（memo） -

Ⅱ の問題はこれで終わりです。

$$\boxed{\text{III}}$$

次の文中の $\boxed{\text{E}}$，$\boxed{\text{H}}$，$\boxed{\text{J}}$，$\boxed{\text{K}}$ には，右下の選択肢 ⓪ ～ ⑨ の中から適するものを選び，その他の $\boxed{}$ には，適する数を入れなさい。

関数 $f(x)=(x+1)e^{3x}$ の第 n 次導関数を $f_n(x)$ $(n=0,\ 1,\ 2\cdots\cdots)$ とする，すなわち

$$f_n(x)=\frac{d^n}{dx^n}f(x)\quad (n=1,\ 2\cdots\cdots)$$

とする。ただし，$f_0(x)=f(x)$ とする。$f_n(x)$ は，整数の数列 $\{a_n\}$，$\{b_n\}$ を用いて

$$f_n(x)=(a_nx+b_n)e^{3x}\quad (n=0,\ 1,\ 2\cdots\cdots)$$

と表すことができる。このとき，次の問いに答えなさい。

(1) 数列 $\{a_n\}$，$\{b_n\}$ は

$$a_0=\boxed{\text{A}}\ ,\ b_0=\boxed{\text{B}}$$

であり，かつ，2 項間漸化式

$$\begin{cases} a_{n+1}=\boxed{\text{C}}\,a_n \\[2mm] b_{n+1}=a_n+\boxed{\text{D}}\,b_n \end{cases}\quad (n=0,\ 1,\ 2\cdots\cdots)$$

を満たす。これより

$$a_n=\boxed{\text{E}}\quad (n=0,\ 1,\ 2\cdots\cdots)$$

である。また，数列 $\{c_n\}$ を

$$c_n=\frac{b_n}{a_n}\quad (n=0,\ 1,\ 2\cdots\cdots)$$

と定めると

$$c_{n+1}-c_n=\frac{\boxed{\text{F}}}{\boxed{\text{G}}}\quad (n=0,\ 1,\ 2\cdots\cdots)$$

である。したがって

$$c_n=\boxed{\text{H}}+\boxed{\text{I}}\qquad \therefore\ b_n=n\cdot\boxed{\text{J}}+\boxed{\text{K}}\quad (n=0,\ 1,\ 2\cdots\cdots)$$

である。

$\left(\boxed{\text{III}}\text{は次ページに続く}\right)$

(2)　$n=0,\ 1,\ 2,\ \cdots\cdots$ に対して，関数 $f_n(x)$ は

$$x=-\frac{n+\boxed{\text{L}}}{\boxed{\text{M}}}\quad\text{のとき，極小値}\quad -\frac{1}{e^{\boxed{\text{N}}}}\left(\frac{\boxed{\text{O}}}{e}\right)^{n-1}$$

をとる。

選択肢

⓪ 0	① 1	② $\dfrac{n}{3}$	③ n
④ 2^{n-1}	⑤ 2^{n}	⑥ 2^{n+1}	⑦ 3^{n-1}
⑧ 3^{n}	⑨ 3^{n+1}		

Ⅲ の問題はこれで終わりです。 Ⅲ の解答欄 **P** ～ **Z** はマークしないでください。

$$\boxed{\text{IV}}$$

次の文中の $\boxed{\text{H}}$ ，$\boxed{\text{I}}$ ，$\boxed{\text{J}}$ ，$\boxed{\text{M}}$ には，右下の選択肢 ⓪ 〜 ⑦ の中から適するものを選び，その他の $\boxed{}$ には，適する数を入れなさい。

区間 $x>0$ を定義域とする関数

$$f(x) = \frac{\log x}{x} \quad (x>0)$$

を考える。このとき，次の問いに答えなさい。ただし，必要ならば

$$\lim_{x \to \infty} \frac{(\log x)^2}{x} = 0$$

であることを用いてもよい。

(1) 曲線 $y = f(x)$ は漸近線 $y = \boxed{\text{A}}$ と $x = \boxed{\text{B}}$ を持つ。また，$f(x)$ の導関数 $f'(x)$ と第 2 次導関数 $f''(x)$ は

$$f'(x) = \frac{\boxed{\text{C}} - \log x}{x^{\boxed{\text{D}}}}, \quad f''(x) = \frac{\boxed{\text{E}} \log x - \boxed{\text{F}}}{x^{\boxed{\text{G}}}}$$

である。したがって，関数 $f(x)$ は

$$x = \boxed{\text{H}} \text{ において，極大値 } \boxed{\text{I}}$$

をとり，曲線 $y = f(x)$ の変曲点の座標は

$$\left(\boxed{\text{J}} , \ \frac{\boxed{\text{K}}}{\boxed{\text{L}}} \boxed{\text{M}} \right)$$

である。

$\left(\boxed{\text{IV}} \text{ は次ページに続く} \right)$

(2)　関数 $g(x) = \left(\dfrac{\log x}{x}\right)^2$ の原始関数は，部分積分を 2 回くり返して

$$\int g(x)\,dx = \int\left(-\frac{1}{x}\right)'(\log x)^2\,dx$$

$$= -\frac{(\log x)^2 + \boxed{\textbf{N}}\,\log x + \boxed{\textbf{O}}}{x} + C \quad (C \text{ は定数})$$

である。

(3)　曲線 $y = f(x)$ と直線 $x = a\,(a > 1)$ と x 軸で囲まれた部分を，x 軸のまわりに回転してできる立体の体積を $V(a)$ とする。このとき，極限値

$$\lim_{a \to \infty} V(a) = \boxed{\textbf{P}}\,\pi$$

をとる。

$\boxed{\text{選択肢}}$

$\quad$ ⓪ $\;e^{\frac{1}{2}}$ $\qquad$ ① $\;e$ $\qquad$ ② $\;e^{\frac{3}{2}}$ $\qquad$ ③ $\;e^2$

$\quad$ ④ $\;e^{-\frac{1}{2}}$ $\qquad$ ⑤ $\;e^{-1}$ $\qquad$ ⑥ $\;e^{-\frac{3}{2}}$ $\qquad$ ⑦ $\;e^{-2}$

$\boxed{\text{IV}}$ の問題はこれで終わりです。$\boxed{\text{IV}}$ の解答欄 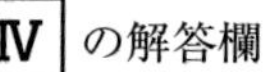

$\sim$ 

はマークしないでください。

일본어	영어	중국어	한국어	베트남어
あ行				
余り	remainder	余数	나머지	dư
移項	transposition	移项	이항	hoán vị
位置ベクトル	position vector	位置向量	위치벡터	véc-tơ vị trí
一般角	general angle	任意角	일반각	góc
因数定理	factor theorem	因数定理	인수정리	định lý thừa số
上に凸	concave down	凸函数	위로 볼록	lồi
円	circle	圆	원	đường tròn
演算	operation	演算	연산	tính toán
か行				
開区間	open interval	开区间	개구간	khoảng mở
階差数列	progression of differences	阶差数列	계차수열	dãy số sai phân
回転移動	rotational transfer	旋转移动	회전이동	chuyển động quay
加速度	acceleration	加速度	가속도	gia tốc
傾き	gradient	倾斜	기울기	lệch
加法定理	addition theorem	加法定理	덧셈정리	công thức cộng trừ lượng giác
関数	function	函数	함수	hàm số
関数の凹凸 (関数の凸性)	concavity	函数的凹凸性	함수의 요철	Hàm lồi, hàm lõm
奇数	odd number	奇数	홀수	số lẻ
逆関数	inverse function	反函数	역함수	hàm nghịch
級数の和	sum of series	级数的和	급수의 합	tổng của chuỗi số
境界線	boundary line	分界线	경계선	đường ranh giới
共役複素数	complex conjugate	共轭复数	켤레복소수	số phức liên hợp
極形式	polar form	极坐标形式	극형식	dạng cực
極限	limit	极限	극한	giới hạn
極限値	limit value	极限值	극한값	giá trị giới hạn
極座標表示	polar display	极坐标表示	극좌표 표시	biểu thị tọa độ cực
極小	local minimum	极小值	극소	cực tiểu
極大	local maximum	极大值	극대	cực đại
虚数	imaginary number	虚数	허수	số ảo

일본어	영어	중국어	한국어	베트남어
距離	distance	距离	거리	khoảng cách
偶数	even number	偶数	짝수	số chẵn
区間	interval	区间	구간	khoảng
原始関数	antiderivative	原函数	원시함수	nguyên hàm
公差	common difference	公差	공차	công sai
合成	composition	合成	합성	hợp thành
合成関数	composite function	复合函数	합성함수	hàm hợp
恒等式	identity	恒等式	항등식	đồng nhất thức
公比	common ratio	公比	공비	công bội
弧長	arc length	弧长	호의 길이	độ dài cung
弧度法	circular measure	弧度	호도법	phép đo góc mặt phẳng bằng radian

さ行

일본어	영어	중국어	한국어	베트남어
差	difference	差	차	hiệu số
三角関数	trigonometric function	三角函数	삼각함수	hàm số lượng giác
指数関数	exponential function	指数函数	지수함수	hàm số mũ
下に凸	concave up	凹函数	아래로 볼록	lõm
実数	real number	实数	실수	số thực
集合	set	集合	집합	tập hợp
収束	convergence	收敛	수렴	hội tụ
収束する	converge	收敛	수렴하다	hội tụ
商	quotient	商	몫	thương số
条件式	conditional expression	条件式	조건식	biểu thức có điều kiện
剰余の定理	remainder theorem	余数定理	나머지정리	định lý phần dư
初期条件	initial condition	初始条件	초기조건	điều kiện ban đầu
初項	first term	第 1 项	첫째항	số hạng đầu
除法	division	除法	나눗셈	phép chia
垂直	perpendicularity	垂直	수직	thẳng góc
数列	sequence	数列	수열	dãy số
図形	figure	图形	도형	hình khối
積分定数	constant of integration	积分定数	적분상수	hằng số tích phân
接する	touch	相切	접하다	tiếp xúc
接線	tangent line	切线	접선	đường tiếp tuyến
絶対値	absolute value	绝对值	절댓값	giá trị tuyệt đối

일본어	영어	중국어	한국어	베트남어
接点	point of contact	切点	접점	tiếp điểm
接ベクトル	tangent vector	切向量	접벡터	véctơ tiếp xúc
漸化式	recurrence formula	递回关系式	점화식	công thức truy hồi
線分	line segment	线段	선분	phân đoạn
速度	velocity	速度	속도	tốc độ

た行

일본어	영어	중국어	한국어	베트남어
対偶	contraposition	对偶	대우	tương phản
対称移動	symmetric displacement	对称移动	대칭이동	dịch chuyển đối xứng
対称性	symmetry	对称性	대칭성	tính đối xứng
対数	logarithm	对数	로그	đối số
対数関数	logarithmic function	对数函数	로그함수	hàm số lo-ga-rit
体積	volume	体积	부피	thể tích
第2次導関数	second derivative	二阶导数	이계도함수	đạo hàm bậc 2
多項式	polynomial	多项式	다항식	đa thức
縦軸	vertical axis	纵轴	세로축	trục tung
単位円	unit circle	单位圆	단위원	vòng tròn đơn vị
単位ベクトル	unit vector	单位向量	단위벡터	véc-tơ đơn vị
単調に減少する	monotonically decrease	单调递减	단조감소하다	giảm đơn điệu
単調に増加する	monotonically increase	单调递增	단조증가하다	tăng đơn điệu
値域	range	值域	치역	miền giá trị
置換積分	integration by substitution	置换积分	치환적분	tích phân hoán vị
直線	straight line	直线	직선	trực tuyến
底	base	底数	밑	cơ số
定義域	domain	定义域	정의역	miền xác định
定積分	definite integral	定积分	정적분	tích phân xác định
定点	fixed point	定点	정점	điểm cố định
底の変換	change of base	换底	밑변환 공식	chuyển đổi cơ số
導関数	derivative	导函数	도함수	đạo hàm
等差数列	arithmetic progression	等差数列	등차수열	cấp số cộng
等比数列	geometric progression	等比数列	등비수열	cấp số nhân
特性方程式	characteristic equation	特征方程	특성방정식	phương trình đặc trưng

일본어	영어	중국어	한국어	베트남어
な行				
内積	inner product	内积	내적	tích vô hướng
内分	internal division	内分	내분	chia trong
２倍角の公式	double-angle formula	两倍角公式	배각공식	đẳng thức góc bội 2
任意	arbitrariness	任意	임의	bất kỳ
は行				
媒介変数	parameter	参变量	매개변수	tham số
発散	divergence	发散	발산	phân kỳ
発散する	diverge	发散	발산하다	phân kỳ
パラメータ	parameter	参数	파라미터	tham số parameter
半直線	half line	半直线	반직선	tia
反時計回り	counterclockwise	逆时针旋转	시계 반대방향로 돌기	ngược chiều kim đồng hồ
微分可能性	differentiability	可微	미분가능성	tính khả vi
微分係数	differential coefficient	微分系数	미분계수	hệ số vi phân
複素数平面	complex plane	复数平面	복소평면	mặt phẳng số phức
不定積分	indefinite integral	不定积分	부정적분	tích phân bất định
不等式	inequality	不等式	부등식	bất đẳng thức
部分積分	integration by parts	分部积分	부분적분	tích phân từng phần
部分和	partial sum	部分和	부분합	tổng riêng
分割	division	分割	분할	phân cắt
閉区間	closed interval	闭区间	폐구간	khoảng đóng
平行	parallel	平行	평행	bình hành, song song
平面	plane	平面	평면	mặt phẳng
ベクトル	vector	向量	벡터	véc-tơ
ベクトル方程式	vector equation	向量方程	벡터방정식	phương trình đường thẳng
偏角	argument	偏角	편각	độ nghiêng
変曲点	inflection point	拐点	변곡점	điểm uốn
方向ベクトル	direction vector	方向向量	방향벡터	véc-tơ phương hướng
法線ベクトル	normal vector	法线向量	법선벡터	véc-tơ pháp tuyến
方程式	equation	方程式	방정식	phương trình
ま行				
交わる	intersect	相交	만나다	giao nhau

일본어	영어	중국어	한국어	베트남어
無限級数	infinite series	无穷级数	무한급수	chuỗi vô hạn
無限大	infinity	无限大	무한대	vô cực
命題	proposition	命题	명제	mệnh đề
面積	area	面积	넓이	diện tích

や～わ行

일본어	영어	중국어	한국어	베트남어
余弦	cosine	余弦	코사인	cos
横軸	horizontal axis	横轴	가로축	trục hoành
領域	domain	领域	영역	vùng
和	sum	和	합	cộng, tổng cộng

- 計算欄（memo） -

- 計算欄（memo） -

日本留学試験

EJU

실전모의고사

수학 코스 2

초판 1쇄 발행 2026년 2월 27일

지은이 글로벌 고등 수학 연구회
펴낸곳 (주)골드앤에스
펴낸이 양홍걸

홈페이지 japan.siwonschool.com
주소 서울시 영등포구 영신로 166 시원스쿨
교재 구입 문의 02)2014-8151
고객센터 02)6409-0878

ISBN 979-11-94687-43-6
Number 1-310404-25253000-08

✳EJU

日本留学試験
EJU

실전 모의고사 수학코스2

해설집

S 시원스쿨닷컴 × ask

数学

제 1회

受験番号 Examinee Registration Number		名前 Name	

解答コース　Course	
コース 1 Course 1	コース 2 Course 2
○	○

この解答用紙に回答するコースを、1つ○で囲み、その下のマーク欄をマークしてください。
Circle the name of the course you are taking and fill in the oval under it.

（Ⅲ以降は裏面）　（Use the revers side for III and IV.）

I

解答記号	解答　Answer
A	− 0 1 2 3 4 5 6 7 8 9
B	− 0 1 2 3 4 5 6 7 8 9
C	− 0 1 2 3 4 5 6 7 8 9
D	− 0 1 2 3 4 5 6 7 8 9
E	− 0 1 2 3 4 5 6 7 8 9
F	− 0 1 2 3 4 5 6 7 8 9
G	− 0 1 2 3 4 5 6 7 8 9
H	− 0 1 2 3 4 5 6 7 8 9
I	− 0 1 2 3 4 5 6 7 8 9
J	− 0 1 2 3 4 5 6 7 8 9
K	− 0 1 2 3 4 5 6 7 8 9
L	− 0 1 2 3 4 5 6 7 8 9
M	− 0 1 2 3 4 5 6 7 8 9
N	− 0 1 2 3 4 5 6 7 8 9
O	− 0 1 2 3 4 5 6 7 8 9
P	− 0 1 2 3 4 5 6 7 8 9
Q	− 0 1 2 3 4 5 6 7 8 9
R	− 0 1 2 3 4 5 6 7 8 9
S	− 0 1 2 3 4 5 6 7 8 9
T	− 0 1 2 3 4 5 6 7 8 9
U	− 0 1 2 3 4 5 6 7 8 9
V	− 0 1 2 3 4 5 6 7 8 9
W	− 0 1 2 3 4 5 6 7 8 9
X	− 0 1 2 3 4 5 6 7 8 9
Y	− 0 1 2 3 4 5 6 7 8 9
Z	− 0 1 2 3 4 5 6 7 8 9

II

解答記号	解答　Answer
A	− 0 1 2 3 4 5 6 7 8 9
B	− 0 1 2 3 4 5 6 7 8 9
C	− 0 1 2 3 4 5 6 7 8 9
D	− 0 1 2 3 4 5 6 7 8 9
E	− 0 1 2 3 4 5 6 7 8 9
F	− 0 1 2 3 4 5 6 7 8 9
G	− 0 1 2 3 4 5 6 7 8 9
H	− 0 1 2 3 4 5 6 7 8 9
I	− 0 1 2 3 4 5 6 7 8 9
J	− 0 1 2 3 4 5 6 7 8 9
K	− 0 1 2 3 4 5 6 7 8 9
L	− 0 1 2 3 4 5 6 7 8 9
M	− 0 1 2 3 4 5 6 7 8 9
N	− 0 1 2 3 4 5 6 7 8 9
O	− 0 1 2 3 4 5 6 7 8 9
P	− 0 1 2 3 4 5 6 7 8 9
Q	− 0 1 2 3 4 5 6 7 8 9
R	− 0 1 2 3 4 5 6 7 8 9
S	− 0 1 2 3 4 5 6 7 8 9
T	− 0 1 2 3 4 5 6 7 8 9
U	− 0 1 2 3 4 5 6 7 8 9
V	− 0 1 2 3 4 5 6 7 8 9
W	− 0 1 2 3 4 5 6 7 8 9
X	− 0 1 2 3 4 5 6 7 8 9
Y	− 0 1 2 3 4 5 6 7 8 9
Z	− 0 1 2 3 4 5 6 7 8 9

数学

III	解答 Answer										
解答記号	−	0	1	2	3	4	5	6	7	8	9
A	−	0	1	2	3	4	5	6	7	8	9
B	−	0	1	2	3	4	5	6	7	8	9
C	−	0	1	2	3	4	5	6	7	8	9
D	−	0	1	2	3	4	5	6	7	8	9
E	−	0	1	2	3	4	5	6	7	8	9
F	−	0	1	2	3	4	5	6	7	8	9
G	−	0	1	2	3	4	5	6	7	8	9
H	−	0	1	2	3	4	5	6	7	8	9
I	−	0	1	2	3	4	5	6	7	8	9
J	−	0	1	2	3	4	5	6	7	8	9
K	−	0	1	2	3	4	5	6	7	8	9
L	−	0	1	2	3	4	5	6	7	8	9
M	−	0	1	2	3	4	5	6	7	8	9
N	−	0	1	2	3	4	5	6	7	8	9
O	−	0	1	2	3	4	5	6	7	8	9
P	−	0	1	2	3	4	5	6	7	8	9
Q	−	0	1	2	3	4	5	6	7	8	9
R	−	0	1	2	3	4	5	6	7	8	9
S	−	0	1	2	3	4	5	6	7	8	9
T	−	0	1	2	3	4	5	6	7	8	9
U	−	0	1	2	3	4	5	6	7	8	9
V	−	0	1	2	3	4	5	6	7	8	9
W	−	0	1	2	3	4	5	6	7	8	9
X	−	0	1	2	3	4	5	6	7	8	9
Y	−	0	1	2	3	4	5	6	7	8	9
Z	−	0	1	2	3	4	5	6	7	8	9

IV	解答 Answer										
解答記号	−	0	1	2	3	4	5	6	7	8	9
A	−	0	1	2	3	4	5	6	7	8	9
B	−	0	1	2	3	4	5	6	7	8	9
C	−	0	1	2	3	4	5	6	7	8	9
D	−	0	1	2	3	4	5	6	7	8	9
E	−	0	1	2	3	4	5	6	7	8	9
F	−	0	1	2	3	4	5	6	7	8	9
G	−	0	1	2	3	4	5	6	7	8	9
H	−	0	1	2	3	4	5	6	7	8	9
I	−	0	1	2	3	4	5	6	7	8	9
J	−	0	1	2	3	4	5	6	7	8	9
K	−	0	1	2	3	4	5	6	7	8	9
L	−	0	1	2	3	4	5	6	7	8	9
M	−	0	1	2	3	4	5	6	7	8	9
N	−	0	1	2	3	4	5	6	7	8	9
O	−	0	1	2	3	4	5	6	7	8	9
P	−	0	1	2	3	4	5	6	7	8	9
Q	−	0	1	2	3	4	5	6	7	8	9
R	−	0	1	2	3	4	5	6	7	8	9
S	−	0	1	2	3	4	5	6	7	8	9
T	−	0	1	2	3	4	5	6	7	8	9
U	−	0	1	2	3	4	5	6	7	8	9
V	−	0	1	2	3	4	5	6	7	8	9
W	−	0	1	2	3	4	5	6	7	8	9
X	−	0	1	2	3	4	5	6	7	8	9
Y	−	0	1	2	3	4	5	6	7	8	9
Z	−	0	1	2	3	4	5	6	7	8	9

数学

제2회

受験番号 Examinee Registration Number		名前 Name	

解答コース　Course	
コース 1 Course 1	コース 2 Course 2
○	○

この解答用紙に回答するコースを、1つ○で囲み、その下のマーク欄をマークしてください。

Circle the name of the course you are taking and fill in the oval under it.

（Ⅲ以降は裏面）　（Use the revers side for Ⅲ and Ⅳ.)

Ⅰ

解答記号	解答　Answer — 0 1 2 3 4 5 6 7 8 9
A	− 0 1 2 3 4 5 6 7 8 9
B	− 0 1 2 3 4 5 6 7 8 9
C	− 0 1 2 3 4 5 6 7 8 9
D	− 0 1 2 3 4 5 6 7 8 9
E	− 0 1 2 3 4 5 6 7 8 9
F	− 0 1 2 3 4 5 6 7 8 9
G	− 0 1 2 3 4 5 6 7 8 9
H	− 0 1 2 3 4 5 6 7 8 9
I	− 0 1 2 3 4 5 6 7 8 9
J	− 0 1 2 3 4 5 6 7 8 9
K	− 0 1 2 3 4 5 6 7 8 9
L	− 0 1 2 3 4 5 6 7 8 9
M	− 0 1 2 3 4 5 6 7 8 9
N	− 0 1 2 3 4 5 6 7 8 9
O	− 0 1 2 3 4 5 6 7 8 9
P	− 0 1 2 3 4 5 6 7 8 9
Q	− 0 1 2 3 4 5 6 7 8 9
R	− 0 1 2 3 4 5 6 7 8 9
S	− 0 1 2 3 4 5 6 7 8 9
T	− 0 1 2 3 4 5 6 7 8 9
U	− 0 1 2 3 4 5 6 7 8 9
V	− 0 1 2 3 4 5 6 7 8 9
W	− 0 1 2 3 4 5 6 7 8 9
X	− 0 1 2 3 4 5 6 7 8 9
Y	− 0 1 2 3 4 5 6 7 8 9
Z	− 0 1 2 3 4 5 6 7 8 9

Ⅱ

解答記号	解答　Answer — 0 1 2 3 4 5 6 7 8 9
A	− 0 1 2 3 4 5 6 7 8 9
B	− 0 1 2 3 4 5 6 7 8 9
C	− 0 1 2 3 4 5 6 7 8 9
D	− 0 1 2 3 4 5 6 7 8 9
E	− 0 1 2 3 4 5 6 7 8 9
F	− 0 1 2 3 4 5 6 7 8 9
G	− 0 1 2 3 4 5 6 7 8 9
H	− 0 1 2 3 4 5 6 7 8 9
I	− 0 1 2 3 4 5 6 7 8 9
J	− 0 1 2 3 4 5 6 7 8 9
K	− 0 1 2 3 4 5 6 7 8 9
L	− 0 1 2 3 4 5 6 7 8 9
M	− 0 1 2 3 4 5 6 7 8 9
N	− 0 1 2 3 4 5 6 7 8 9
O	− 0 1 2 3 4 5 6 7 8 9
P	− 0 1 2 3 4 5 6 7 8 9
Q	− 0 1 2 3 4 5 6 7 8 9
R	− 0 1 2 3 4 5 6 7 8 9
S	− 0 1 2 3 4 5 6 7 8 9
T	− 0 1 2 3 4 5 6 7 8 9
U	− 0 1 2 3 4 5 6 7 8 9
V	− 0 1 2 3 4 5 6 7 8 9
W	− 0 1 2 3 4 5 6 7 8 9
X	− 0 1 2 3 4 5 6 7 8 9
Y	− 0 1 2 3 4 5 6 7 8 9
Z	− 0 1 2 3 4 5 6 7 8 9

数学

解答記号	III 解答 Answer − 0 1 2 3 4 5 6 7 8 9
A	− 0 1 2 3 4 5 6 7 8 9
B	− 0 1 2 3 4 5 6 7 8 9
C	− 0 1 2 3 4 5 6 7 8 9
D	− 0 1 2 3 4 5 6 7 8 9
E	− 0 1 2 3 4 5 6 7 8 9
F	− 0 1 2 3 4 5 6 7 8 9
G	− 0 1 2 3 4 5 6 7 8 9
H	− 0 1 2 3 4 5 6 7 8 9
I	− 0 1 2 3 4 5 6 7 8 9
J	− 0 1 2 3 4 5 6 7 8 9
K	− 0 1 2 3 4 5 6 7 8 9
L	− 0 1 2 3 4 5 6 7 8 9
M	− 0 1 2 3 4 5 6 7 8 9
N	− 0 1 2 3 4 5 6 7 8 9
O	− 0 1 2 3 4 5 6 7 8 9
P	− 0 1 2 3 4 5 6 7 8 9
Q	− 0 1 2 3 4 5 6 7 8 9
R	− 0 1 2 3 4 5 6 7 8 9
S	− 0 1 2 3 4 5 6 7 8 9
T	− 0 1 2 3 4 5 6 7 8 9
U	− 0 1 2 3 4 5 6 7 8 9
V	− 0 1 2 3 4 5 6 7 8 9
W	− 0 1 2 3 4 5 6 7 8 9
X	− 0 1 2 3 4 5 6 7 8 9
Y	− 0 1 2 3 4 5 6 7 8 9
Z	− 0 1 2 3 4 5 6 7 8 9

解答記号	IV 解答 Answer − 0 1 2 3 4 5 6 7 8 9
A	− 0 1 2 3 4 5 6 7 8 9
B	− 0 1 2 3 4 5 6 7 8 9
C	− 0 1 2 3 4 5 6 7 8 9
D	− 0 1 2 3 4 5 6 7 8 9
E	− 0 1 2 3 4 5 6 7 8 9
F	− 0 1 2 3 4 5 6 7 8 9
G	− 0 1 2 3 4 5 6 7 8 9
H	− 0 1 2 3 4 5 6 7 8 9
I	− 0 1 2 3 4 5 6 7 8 9
J	− 0 1 2 3 4 5 6 7 8 9
K	− 0 1 2 3 4 5 6 7 8 9
L	− 0 1 2 3 4 5 6 7 8 9
M	− 0 1 2 3 4 5 6 7 8 9
N	− 0 1 2 3 4 5 6 7 8 9
O	− 0 1 2 3 4 5 6 7 8 9
P	− 0 1 2 3 4 5 6 7 8 9
Q	− 0 1 2 3 4 5 6 7 8 9
R	− 0 1 2 3 4 5 6 7 8 9
S	− 0 1 2 3 4 5 6 7 8 9
T	− 0 1 2 3 4 5 6 7 8 9
U	− 0 1 2 3 4 5 6 7 8 9
V	− 0 1 2 3 4 5 6 7 8 9
W	− 0 1 2 3 4 5 6 7 8 9
X	− 0 1 2 3 4 5 6 7 8 9
Y	− 0 1 2 3 4 5 6 7 8 9
Z	− 0 1 2 3 4 5 6 7 8 9

数学

제 3회

受験番号
Examinee Registration Number

名前
Name

解答コース　Course

コース 1 Course 1	コース 2 Course 2
○	○

この解答用紙に回答するコースを、1つ○で囲み、その下のマーク欄をマークしてください。
Circle the name of the course you are taking and fill in the oval under it.

（Ⅲ以降は裏面）　（Use the revers side for III and IV.）

注意事項　Note

1. 必ず鉛筆（HB）で記入してください。
2. この解答用紙を汚したり折ったりしてはいけません。
3. マークは下のよい例のように、○わく内を完全にぬりつぶしてください。

よい例	悪い例			
●	⊗	✓	○	◑

4. 訂正する場合はプラスチック消しゴムで完全に消し、消しくずを残してはいけません。
5. 解答用紙はAからZまでありますが、問題のあるところまで答えて、あとはマークしないでください。
6. 所定の欄以外には何も書いてはいけません。
7. この解答用紙はすべて機械で処理しますので、以上の1から6までが守られていないと採点されません。

I

解答記号	解答　Answer
A	− 0 1 2 3 4 5 6 7 8 9
B	− 0 1 2 3 4 5 6 7 8 9
C	− 0 1 2 3 4 5 6 7 8 9
D	− 0 1 2 3 4 5 6 7 8 9
E	− 0 1 2 3 4 5 6 7 8 9
F	− 0 1 2 3 4 5 6 7 8 9
G	− 0 1 2 3 4 5 6 7 8 9
H	− 0 1 2 3 4 5 6 7 8 9
I	− 0 1 2 3 4 5 6 7 8 9
J	− 0 1 2 3 4 5 6 7 8 9
K	− 0 1 2 3 4 5 6 7 8 9
L	− 0 1 2 3 4 5 6 7 8 9
M	− 0 1 2 3 4 5 6 7 8 9
N	− 0 1 2 3 4 5 6 7 8 9
O	− 0 1 2 3 4 5 6 7 8 9
P	− 0 1 2 3 4 5 6 7 8 9
Q	− 0 1 2 3 4 5 6 7 8 9
R	− 0 1 2 3 4 5 6 7 8 9
S	− 0 1 2 3 4 5 6 7 8 9
T	− 0 1 2 3 4 5 6 7 8 9
U	− 0 1 2 3 4 5 6 7 8 9
V	− 0 1 2 3 4 5 6 7 8 9
W	− 0 1 2 3 4 5 6 7 8 9
X	− 0 1 2 3 4 5 6 7 8 9
Y	− 0 1 2 3 4 5 6 7 8 9
Z	− 0 1 2 3 4 5 6 7 8 9

II

解答記号	解答　Answer
A	− 0 1 2 3 4 5 6 7 8 9
B	− 0 1 2 3 4 5 6 7 8 9
C	− 0 1 2 3 4 5 6 7 8 9
D	− 0 1 2 3 4 5 6 7 8 9
E	− 0 1 2 3 4 5 6 7 8 9
F	− 0 1 2 3 4 5 6 7 8 9
G	− 0 1 2 3 4 5 6 7 8 9
H	− 0 1 2 3 4 5 6 7 8 9
I	− 0 1 2 3 4 5 6 7 8 9
J	− 0 1 2 3 4 5 6 7 8 9
K	− 0 1 2 3 4 5 6 7 8 9
L	− 0 1 2 3 4 5 6 7 8 9
M	− 0 1 2 3 4 5 6 7 8 9
N	− 0 1 2 3 4 5 6 7 8 9
O	− 0 1 2 3 4 5 6 7 8 9
P	− 0 1 2 3 4 5 6 7 8 9
Q	− 0 1 2 3 4 5 6 7 8 9
R	− 0 1 2 3 4 5 6 7 8 9
S	− 0 1 2 3 4 5 6 7 8 9
T	− 0 1 2 3 4 5 6 7 8 9
U	− 0 1 2 3 4 5 6 7 8 9
V	− 0 1 2 3 4 5 6 7 8 9
W	− 0 1 2 3 4 5 6 7 8 9
X	− 0 1 2 3 4 5 6 7 8 9
Y	− 0 1 2 3 4 5 6 7 8 9
Z	− 0 1 2 3 4 5 6 7 8 9

数学

III												
解答記号	解答 Answer											
	−	0	1	2	3	4	5	6	7	8	9	
A	−	0	1	2	3	4	5	6	7	8	9	
B	−	0	1	2	3	4	5	6	7	8	9	
C	−	0	1	2	3	4	5	6	7	8	9	
D	−	0	1	2	3	4	5	6	7	8	9	
E	−	0	1	2	3	4	5	6	7	8	9	
F	−	0	1	2	3	4	5	6	7	8	9	
G	−	0	1	2	3	4	5	6	7	8	9	
H	−	0	1	2	3	4	5	6	7	8	9	
I	−	0	1	2	3	4	5	6	7	8	9	
J	−	0	1	2	3	4	5	6	7	8	9	
K	−	0	1	2	3	4	5	6	7	8	9	
L	−	0	1	2	3	4	5	6	7	8	9	
M	−	0	1	2	3	4	5	6	7	8	9	
N	−	0	1	2	3	4	5	6	7	8	9	
O	−	0	1	2	3	4	5	6	7	8	9	
P	−	0	1	2	3	4	5	6	7	8	9	
Q	−	0	1	2	3	4	5	6	7	8	9	
R	−	0	1	2	3	4	5	6	7	8	9	
S	−	0	1	2	3	4	5	6	7	8	9	
T	−	0	1	2	3	4	5	6	7	8	9	
U	−	0	1	2	3	4	5	6	7	8	9	
V	−	0	1	2	3	4	5	6	7	8	9	
W	−	0	1	2	3	4	5	6	7	8	9	
X	−	0	1	2	3	4	5	6	7	8	9	
Y	−	0	1	2	3	4	5	6	7	8	9	
Z	−	0	1	2	3	4	5	6	7	8	9	

IV												
解答記号	解答 Answer											
	−	0	1	2	3	4	5	6	7	8	9	
A	−	0	1	2	3	4	5	6	7	8	9	
B	−	0	1	2	3	4	5	6	7	8	9	
C	−	0	1	2	3	4	5	6	7	8	9	
D	−	0	1	2	3	4	5	6	7	8	9	
E	−	0	1	2	3	4	5	6	7	8	9	
F	−	0	1	2	3	4	5	6	7	8	9	
G	−	0	1	2	3	4	5	6	7	8	9	
H	−	0	1	2	3	4	5	6	7	8	9	
I	−	0	1	2	3	4	5	6	7	8	9	
J	−	0	1	2	3	4	5	6	7	8	9	
K	−	0	1	2	3	4	5	6	7	8	9	
L	−	0	1	2	3	4	5	6	7	8	9	
M	−	0	1	2	3	4	5	6	7	8	9	
N	−	0	1	2	3	4	5	6	7	8	9	
O	−	0	1	2	3	4	5	6	7	8	9	
P	−	0	1	2	3	4	5	6	7	8	9	
Q	−	0	1	2	3	4	5	6	7	8	9	
R	−	0	1	2	3	4	5	6	7	8	9	
S	−	0	1	2	3	4	5	6	7	8	9	
T	−	0	1	2	3	4	5	6	7	8	9	
U	−	0	1	2	3	4	5	6	7	8	9	
V	−	0	1	2	3	4	5	6	7	8	9	
W	−	0	1	2	3	4	5	6	7	8	9	
X	−	0	1	2	3	4	5	6	7	8	9	
Y	−	0	1	2	3	4	5	6	7	8	9	
Z	−	0	1	2	3	4	5	6	7	8	9	

일본 유학 시험 실전 모의고사 해답용지

数学

제 4회

受験番号
Examinee Registration Number

名前
Name

解答コース　Course	
コース 1 Course 1	コース 2 Course 2
○	○

この解答用紙に回答するコースを、1つ○で囲み、その下のマーク欄をマークしてください。
Circle the name of the course you are taking and fill in the oval under it.

（Ⅲ以降は裏面）　（Use the revers side for III and IV.）

注意事項　Note

1. 必ず鉛筆（HB）で記入してください。
2. この解答用紙を汚したり折ったりしてはいけません。
3. マークは下のよい例のように、○わく内を完全にぬりつぶしてください。

よい例	悪い例				
●	⊗	✓	◎	◍	○

4. 訂正する場合はプラスチック消しゴムで完全に消し、消しくずを残してはいけません。
5. 解答用紙はAからZまでありますが、問題のあるところまで答えて、あとはマークしないでください。
6. 所定の欄以外には何も書いてはいけません。
7. この解答用紙はすべて機械で処理しますので、以上の1から6までが守られていないと採点されません。

I

解答記号	解答　Answer
	− 0 1 2 3 4 5 6 7 8 9
A	− 0 1 2 3 4 5 6 7 8 9
B	− 0 1 2 3 4 5 6 7 8 9
C	− 0 1 2 3 4 5 6 7 8 9
D	− 0 1 2 3 4 5 6 7 8 9
E	− 0 1 2 3 4 5 6 7 8 9
F	− 0 1 2 3 4 5 6 7 8 9
G	− 0 1 2 3 4 5 6 7 8 9
H	− 0 1 2 3 4 5 6 7 8 9
I	− 0 1 2 3 4 5 6 7 8 9
J	− 0 1 2 3 4 5 6 7 8 9
K	− 0 1 2 3 4 5 6 7 8 9
L	− 0 1 2 3 4 5 6 7 8 9
M	− 0 1 2 3 4 5 6 7 8 9
N	− 0 1 2 3 4 5 6 7 8 9
O	− 0 1 2 3 4 5 6 7 8 9
P	− 0 1 2 3 4 5 6 7 8 9
Q	− 0 1 2 3 4 5 6 7 8 9
R	− 0 1 2 3 4 5 6 7 8 9
S	− 0 1 2 3 4 5 6 7 8 9
T	− 0 1 2 3 4 5 6 7 8 9
U	− 0 1 2 3 4 5 6 7 8 9
V	− 0 1 2 3 4 5 6 7 8 9
W	− 0 1 2 3 4 5 6 7 8 9
X	− 0 1 2 3 4 5 6 7 8 9
Y	− 0 1 2 3 4 5 6 7 8 9
Z	− 0 1 2 3 4 5 6 7 8 9

II

解答記号	解答　Answer
	− 0 1 2 3 4 5 6 7 8 9
A	− 0 1 2 3 4 5 6 7 8 9
B	− 0 1 2 3 4 5 6 7 8 9
C	− 0 1 2 3 4 5 6 7 8 9
D	− 0 1 2 3 4 5 6 7 8 9
E	− 0 1 2 3 4 5 6 7 8 9
F	− 0 1 2 3 4 5 6 7 8 9
G	− 0 1 2 3 4 5 6 7 8 9
H	− 0 1 2 3 4 5 6 7 8 9
I	− 0 1 2 3 4 5 6 7 8 9
J	− 0 1 2 3 4 5 6 7 8 9
K	− 0 1 2 3 4 5 6 7 8 9
L	− 0 1 2 3 4 5 6 7 8 9
M	− 0 1 2 3 4 5 6 7 8 9
N	− 0 1 2 3 4 5 6 7 8 9
O	− 0 1 2 3 4 5 6 7 8 9
P	− 0 1 2 3 4 5 6 7 8 9
Q	− 0 1 2 3 4 5 6 7 8 9
R	− 0 1 2 3 4 5 6 7 8 9
S	− 0 1 2 3 4 5 6 7 8 9
T	− 0 1 2 3 4 5 6 7 8 9
U	− 0 1 2 3 4 5 6 7 8 9
V	− 0 1 2 3 4 5 6 7 8 9
W	− 0 1 2 3 4 5 6 7 8 9
X	− 0 1 2 3 4 5 6 7 8 9
Y	− 0 1 2 3 4 5 6 7 8 9
Z	− 0 1 2 3 4 5 6 7 8 9

数学

III											
解答記号	解答 Answer										
	−	0	1	2	3	4	5	6	7	8	9
A	−	0	1	2	3	4	5	6	7	8	9
B	−	0	1	2	3	4	5	6	7	8	9
C	−	0	1	2	3	4	5	6	7	8	9
D	−	0	1	2	3	4	5	6	7	8	9
E	−	0	1	2	3	4	5	6	7	8	9
F	−	0	1	2	3	4	5	6	7	8	9
G	−	0	1	2	3	4	5	6	7	8	9
H	−	0	1	2	3	4	5	6	7	8	9
I	−	0	1	2	3	4	5	6	7	8	9
J	−	0	1	2	3	4	5	6	7	8	9
K	−	0	1	2	3	4	5	6	7	8	9
L	−	0	1	2	3	4	5	6	7	8	9
M	−	0	1	2	3	4	5	6	7	8	9
N	−	0	1	2	3	4	5	6	7	8	9
O	−	0	1	2	3	4	5	6	7	8	9
P	−	0	1	2	3	4	5	6	7	8	9
Q	−	0	1	2	3	4	5	6	7	8	9
R	−	0	1	2	3	4	5	6	7	8	9
S	−	0	1	2	3	4	5	6	7	8	9
T	−	0	1	2	3	4	5	6	7	8	9
U	−	0	1	2	3	4	5	6	7	8	9
V	−	0	1	2	3	4	5	6	7	8	9
W	−	0	1	2	3	4	5	6	7	8	9
X	−	0	1	2	3	4	5	6	7	8	9
Y	−	0	1	2	3	4	5	6	7	8	9
Z	−	0	1	2	3	4	5	6	7	8	9

IV											
解答記号	解答 Answer										
	−	0	1	2	3	4	5	6	7	8	9
A	−	0	1	2	3	4	5	6	7	8	9
B	−	0	1	2	3	4	5	6	7	8	9
C	−	0	1	2	3	4	5	6	7	8	9
D	−	0	1	2	3	4	5	6	7	8	9
E	−	0	1	2	3	4	5	6	7	8	9
F	−	0	1	2	3	4	5	6	7	8	9
G	−	0	1	2	3	4	5	6	7	8	9
H	−	0	1	2	3	4	5	6	7	8	9
I	−	0	1	2	3	4	5	6	7	8	9
J	−	0	1	2	3	4	5	6	7	8	9
K	−	0	1	2	3	4	5	6	7	8	9
L	−	0	1	2	3	4	5	6	7	8	9
M	−	0	1	2	3	4	5	6	7	8	9
N	−	0	1	2	3	4	5	6	7	8	9
O	−	0	1	2	3	4	5	6	7	8	9
P	−	0	1	2	3	4	5	6	7	8	9
Q	−	0	1	2	3	4	5	6	7	8	9
R	−	0	1	2	3	4	5	6	7	8	9
S	−	0	1	2	3	4	5	6	7	8	9
T	−	0	1	2	3	4	5	6	7	8	9
U	−	0	1	2	3	4	5	6	7	8	9
V	−	0	1	2	3	4	5	6	7	8	9
W	−	0	1	2	3	4	5	6	7	8	9
X	−	0	1	2	3	4	5	6	7	8	9
Y	−	0	1	2	3	4	5	6	7	8	9
Z	−	0	1	2	3	4	5	6	7	8	9

数学

제5회

受験番号 Examinee Registration Number		名前 Name	

解答コース　Course	
コース 1 Course 1	コース 2 Course 2
○	○

この解答用紙に回答するコースを、1つ○で囲み、その下のマーク欄をマークしてください。
Circle the name of the course you are taking and fill in the oval under it.

（Ⅲ以降は裏面）（Use the revers side for Ⅲ and Ⅳ.）

注意事項　Note

1. 必ず鉛筆（HB）で記入してください。
2. この解答用紙を汚したり折ったりしてはいけません。
3. マークは下のよい例のように、○わく内を完全にぬりつぶしてください。

よい例	悪い例				
●	⊗	✓	○	◑	○

4. 訂正する場合はプラスチック消しゴムで完全に消し、消しくずを残してはいけません。
5. 解答用紙はAからZまでありますが、問題のあるところまで答えて、あとはマークしないでください。
6. 所定の欄以外には何も書いてはいけません。
7. この解答用紙はすべて機械で処理しますので、以上の1から6までが守られていないと採点されません。

I

解答記号	解答　Answer − 0 1 2 3 4 5 6 7 8 9
A	− 0 1 2 3 4 5 6 7 8 9
B	− 0 1 2 3 4 5 6 7 8 9
C	− 0 1 2 3 4 5 6 7 8 9
D	− 0 1 2 3 4 5 6 7 8 9
E	− 0 1 2 3 4 5 6 7 8 9
F	− 0 1 2 3 4 5 6 7 8 9
G	− 0 1 2 3 4 5 6 7 8 9
H	− 0 1 2 3 4 5 6 7 8 9
I	− 0 1 2 3 4 5 6 7 8 9
J	− 0 1 2 3 4 5 6 7 8 9
K	− 0 1 2 3 4 5 6 7 8 9
L	− 0 1 2 3 4 5 6 7 8 9
M	− 0 1 2 3 4 5 6 7 8 9
N	− 0 1 2 3 4 5 6 7 8 9
O	− 0 1 2 3 4 5 6 7 8 9
P	− 0 1 2 3 4 5 6 7 8 9
Q	− 0 1 2 3 4 5 6 7 8 9
R	− 0 1 2 3 4 5 6 7 8 9
S	− 0 1 2 3 4 5 6 7 8 9
T	− 0 1 2 3 4 5 6 7 8 9
U	− 0 1 2 3 4 5 6 7 8 9
V	− 0 1 2 3 4 5 6 7 8 9
W	− 0 1 2 3 4 5 6 7 8 9
X	− 0 1 2 3 4 5 6 7 8 9
Y	− 0 1 2 3 4 5 6 7 8 9
Z	− 0 1 2 3 4 5 6 7 8 9

II

解答記号	解答　Answer − 0 1 2 3 4 5 6 7 8 9
A	− 0 1 2 3 4 5 6 7 8 9
B	− 0 1 2 3 4 5 6 7 8 9
C	− 0 1 2 3 4 5 6 7 8 9
D	− 0 1 2 3 4 5 6 7 8 9
E	− 0 1 2 3 4 5 6 7 8 9
F	− 0 1 2 3 4 5 6 7 8 9
G	− 0 1 2 3 4 5 6 7 8 9
H	− 0 1 2 3 4 5 6 7 8 9
I	− 0 1 2 3 4 5 6 7 8 9
J	− 0 1 2 3 4 5 6 7 8 9
K	− 0 1 2 3 4 5 6 7 8 9
L	− 0 1 2 3 4 5 6 7 8 9
M	− 0 1 2 3 4 5 6 7 8 9
N	− 0 1 2 3 4 5 6 7 8 9
O	− 0 1 2 3 4 5 6 7 8 9
P	− 0 1 2 3 4 5 6 7 8 9
Q	− 0 1 2 3 4 5 6 7 8 9
R	− 0 1 2 3 4 5 6 7 8 9
S	− 0 1 2 3 4 5 6 7 8 9
T	− 0 1 2 3 4 5 6 7 8 9
U	− 0 1 2 3 4 5 6 7 8 9
V	− 0 1 2 3 4 5 6 7 8 9
W	− 0 1 2 3 4 5 6 7 8 9
X	− 0 1 2 3 4 5 6 7 8 9
Y	− 0 1 2 3 4 5 6 7 8 9
Z	− 0 1 2 3 4 5 6 7 8 9

일본 유학 시험 실전 모의고사 해답용지

数学

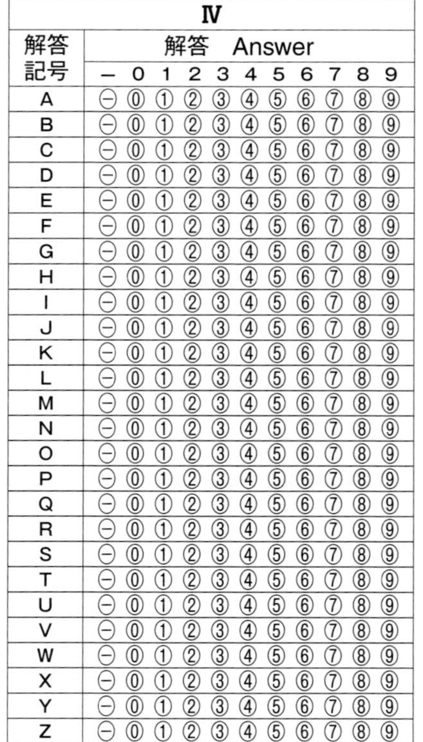

解答記号	解答　Answer											
	Ⅲ											
	−	0	1	2	3	4	5	6	7	8	9	
A	−	0	1	2	3	4	5	6	7	8	9	
B	−	0	1	2	3	4	5	6	7	8	9	
C	−	0	1	2	3	4	5	6	7	8	9	
D	−	0	1	2	3	4	5	6	7	8	9	
E	−	0	1	2	3	4	5	6	7	8	9	
F	−	0	1	2	3	4	5	6	7	8	9	
G	−	0	1	2	3	4	5	6	7	8	9	
H	−	0	1	2	3	4	5	6	7	8	9	
I	−	0	1	2	3	4	5	6	7	8	9	
J	−	0	1	2	3	4	5	6	7	8	9	
K	−	0	1	2	3	4	5	6	7	8	9	
L	−	0	1	2	3	4	5	6	7	8	9	
M	−	0	1	2	3	4	5	6	7	8	9	
N	−	0	1	2	3	4	5	6	7	8	9	
O	−	0	1	2	3	4	5	6	7	8	9	
P	−	0	1	2	3	4	5	6	7	8	9	
Q	−	0	1	2	3	4	5	6	7	8	9	
R	−	0	1	2	3	4	5	6	7	8	9	
S	−	0	1	2	3	4	5	6	7	8	9	
T	−	0	1	2	3	4	5	6	7	8	9	
U	−	0	1	2	3	4	5	6	7	8	9	
V	−	0	1	2	3	4	5	6	7	8	9	
W	−	0	1	2	3	4	5	6	7	8	9	
X	−	0	1	2	3	4	5	6	7	8	9	
Y	−	0	1	2	3	4	5	6	7	8	9	
Z	−	0	1	2	3	4	5	6	7	8	9	

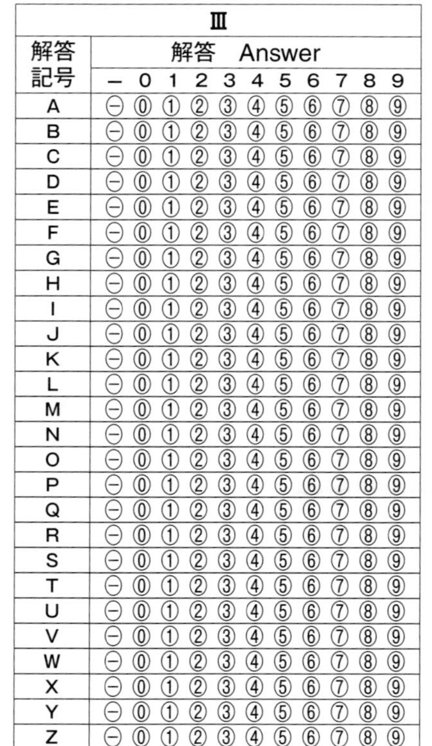

解答記号	解答　Answer											
	Ⅳ											
	−	0	1	2	3	4	5	6	7	8	9	
A	−	0	1	2	3	4	5	6	7	8	9	
B	−	0	1	2	3	4	5	6	7	8	9	
C	−	0	1	2	3	4	5	6	7	8	9	
D	−	0	1	2	3	4	5	6	7	8	9	
E	−	0	1	2	3	4	5	6	7	8	9	
F	−	0	1	2	3	4	5	6	7	8	9	
G	−	0	1	2	3	4	5	6	7	8	9	
H	−	0	1	2	3	4	5	6	7	8	9	
I	−	0	1	2	3	4	5	6	7	8	9	
J	−	0	1	2	3	4	5	6	7	8	9	
K	−	0	1	2	3	4	5	6	7	8	9	
L	−	0	1	2	3	4	5	6	7	8	9	
M	−	0	1	2	3	4	5	6	7	8	9	
N	−	0	1	2	3	4	5	6	7	8	9	
O	−	0	1	2	3	4	5	6	7	8	9	
P	−	0	1	2	3	4	5	6	7	8	9	
Q	−	0	1	2	3	4	5	6	7	8	9	
R	−	0	1	2	3	4	5	6	7	8	9	
S	−	0	1	2	3	4	5	6	7	8	9	
T	−	0	1	2	3	4	5	6	7	8	9	
U	−	0	1	2	3	4	5	6	7	8	9	
V	−	0	1	2	3	4	5	6	7	8	9	
W	−	0	1	2	3	4	5	6	7	8	9	
X	−	0	1	2	3	4	5	6	7	8	9	
Y	−	0	1	2	3	4	5	6	7	8	9	
Z	−	0	1	2	3	4	5	6	7	8	9	

일본 유학 시험 실전 모의고사 해답용지

数学

제 6회

受験番号 Examinee Registration Number		名前 Name	

解答コース　Course	
コース 1 Course 1	コース 2 Course 2
○	○

この解答用紙に回答するコースを、1つ○で囲み、
その下のマーク欄をマークしてください。
Circle the name of the course you are taking and fill
in the oval under it.

（Ⅲ以降は裏面）　（Use the revers side for III and IV.）

注意事項　Note

1. 必ず鉛筆（HB）で記入してください。

2. この解答用紙を汚したり折ったりしてはいけません。

3. マークは下のよい例のように、○わく内を完全にぬりつぶしてください。

よい例	悪い例				
●	⊗	✓	○	◉	○

4. 訂正する場合はプラスチック消しゴムで完全に消し、消しくずを残してはいけません。

5. 解答用紙はAからZまでありますが、問題のあるところまで答えて、あとはマークしないでください。

6. 所定の欄以外には何も書いてはいけません。

7. この解答用紙はすべて機械で処理しますので、以上の1から6までが守られていないと採点されません。

I

解答記号	解答　Answer										
	−	0	1	2	3	4	5	6	7	8	9
A	−	0	1	2	3	4	5	6	7	8	9
B	−	0	1	2	3	4	5	6	7	8	9
C	−	0	1	2	3	4	5	6	7	8	9
D	−	0	1	2	3	4	5	6	7	8	9
E	−	0	1	2	3	4	5	6	7	8	9
F	−	0	1	2	3	4	5	6	7	8	9
G	−	0	1	2	3	4	5	6	7	8	9
H	−	0	1	2	3	4	5	6	7	8	9
I	−	0	1	2	3	4	5	6	7	8	9
J	−	0	1	2	3	4	5	6	7	8	9
K	−	0	1	2	3	4	5	6	7	8	9
L	−	0	1	2	3	4	5	6	7	8	9
M	−	0	1	2	3	4	5	6	7	8	9
N	−	0	1	2	3	4	5	6	7	8	9
O	−	0	1	2	3	4	5	6	7	8	9
P	−	0	1	2	3	4	5	6	7	8	9
Q	−	0	1	2	3	4	5	6	7	8	9
R	−	0	1	2	3	4	5	6	7	8	9
S	−	0	1	2	3	4	5	6	7	8	9
T	−	0	1	2	3	4	5	6	7	8	9
U	−	0	1	2	3	4	5	6	7	8	9
V	−	0	1	2	3	4	5	6	7	8	9
W	−	0	1	2	3	4	5	6	7	8	9
X	−	0	1	2	3	4	5	6	7	8	9
Y	−	0	1	2	3	4	5	6	7	8	9
Z	−	0	1	2	3	4	5	6	7	8	9

Ⅱ

解答記号	解答　Answer										
	−	0	1	2	3	4	5	6	7	8	9
A	−	0	1	2	3	4	5	6	7	8	9
B	−	0	1	2	3	4	5	6	7	8	9
C	−	0	1	2	3	4	5	6	7	8	9
D	−	0	1	2	3	4	5	6	7	8	9
E	−	0	1	2	3	4	5	6	7	8	9
F	−	0	1	2	3	4	5	6	7	8	9
G	−	0	1	2	3	4	5	6	7	8	9
H	−	0	1	2	3	4	5	6	7	8	9
I	−	0	1	2	3	4	5	6	7	8	9
J	−	0	1	2	3	4	5	6	7	8	9
K	−	0	1	2	3	4	5	6	7	8	9
L	−	0	1	2	3	4	5	6	7	8	9
M	−	0	1	2	3	4	5	6	7	8	9
N	−	0	1	2	3	4	5	6	7	8	9
O	−	0	1	2	3	4	5	6	7	8	9
P	−	0	1	2	3	4	5	6	7	8	9
Q	−	0	1	2	3	4	5	6	7	8	9
R	−	0	1	2	3	4	5	6	7	8	9
S	−	0	1	2	3	4	5	6	7	8	9
T	−	0	1	2	3	4	5	6	7	8	9
U	−	0	1	2	3	4	5	6	7	8	9
V	−	0	1	2	3	4	5	6	7	8	9
W	−	0	1	2	3	4	5	6	7	8	9
X	−	0	1	2	3	4	5	6	7	8	9
Y	−	0	1	2	3	4	5	6	7	8	9
Z	−	0	1	2	3	4	5	6	7	8	9

数学

Ⅲ	解答　Answer											
解答記号	−	0	1	2	3	4	5	6	7	8	9	
A	⊖	⓪	①	②	③	④	⑤	⑥	⑦	⑧	⑨	
B	⊖	⓪	①	②	③	④	⑤	⑥	⑦	⑧	⑨	
C	⊖	⓪	①	②	③	④	⑤	⑥	⑦	⑧	⑨	
D	⊖	⓪	①	②	③	④	⑤	⑥	⑦	⑧	⑨	
E	⊖	⓪	①	②	③	④	⑤	⑥	⑦	⑧	⑨	
F	⊖	⓪	①	②	③	④	⑤	⑥	⑦	⑧	⑨	
G	⊖	⓪	①	②	③	④	⑤	⑥	⑦	⑧	⑨	
H	⊖	⓪	①	②	③	④	⑤	⑥	⑦	⑧	⑨	
I	⊖	⓪	①	②	③	④	⑤	⑥	⑦	⑧	⑨	
J	⊖	⓪	①	②	③	④	⑤	⑥	⑦	⑧	⑨	
K	⊖	⓪	①	②	③	④	⑤	⑥	⑦	⑧	⑨	
L	⊖	⓪	①	②	③	④	⑤	⑥	⑦	⑧	⑨	
M	⊖	⓪	①	②	③	④	⑤	⑥	⑦	⑧	⑨	
N	⊖	⓪	①	②	③	④	⑤	⑥	⑦	⑧	⑨	
O	⊖	⓪	①	②	③	④	⑤	⑥	⑦	⑧	⑨	
P	⊖	⓪	①	②	③	④	⑤	⑥	⑦	⑧	⑨	
Q	⊖	⓪	①	②	③	④	⑤	⑥	⑦	⑧	⑨	
R	⊖	⓪	①	②	③	④	⑤	⑥	⑦	⑧	⑨	
S	⊖	⓪	①	②	③	④	⑤	⑥	⑦	⑧	⑨	
T	⊖	⓪	①	②	③	④	⑤	⑥	⑦	⑧	⑨	
U	⊖	⓪	①	②	③	④	⑤	⑥	⑦	⑧	⑨	
V	⊖	⓪	①	②	③	④	⑤	⑥	⑦	⑧	⑨	
W	⊖	⓪	①	②	③	④	⑤	⑥	⑦	⑧	⑨	
X	⊖	⓪	①	②	③	④	⑤	⑥	⑦	⑧	⑨	
Y	⊖	⓪	①	②	③	④	⑤	⑥	⑦	⑧	⑨	
Z	⊖	⓪	①	②	③	④	⑤	⑥	⑦	⑧	⑨	

Ⅳ	解答　Answer											
解答記号	−	0	1	2	3	4	5	6	7	8	9	
A	⊖	⓪	①	②	③	④	⑤	⑥	⑦	⑧	⑨	
B	⊖	⓪	①	②	③	④	⑤	⑥	⑦	⑧	⑨	
C	⊖	⓪	①	②	③	④	⑤	⑥	⑦	⑧	⑨	
D	⊖	⓪	①	②	③	④	⑤	⑥	⑦	⑧	⑨	
E	⊖	⓪	①	②	③	④	⑤	⑥	⑦	⑧	⑨	
F	⊖	⓪	①	②	③	④	⑤	⑥	⑦	⑧	⑨	
G	⊖	⓪	①	②	③	④	⑤	⑥	⑦	⑧	⑨	
H	⊖	⓪	①	②	③	④	⑤	⑥	⑦	⑧	⑨	
I	⊖	⓪	①	②	③	④	⑤	⑥	⑦	⑧	⑨	
J	⊖	⓪	①	②	③	④	⑤	⑥	⑦	⑧	⑨	
K	⊖	⓪	①	②	③	④	⑤	⑥	⑦	⑧	⑨	
L	⊖	⓪	①	②	③	④	⑤	⑥	⑦	⑧	⑨	
M	⊖	⓪	①	②	③	④	⑤	⑥	⑦	⑧	⑨	
N	⊖	⓪	①	②	③	④	⑤	⑥	⑦	⑧	⑨	
O	⊖	⓪	①	②	③	④	⑤	⑥	⑦	⑧	⑨	
P	⊖	⓪	①	②	③	④	⑤	⑥	⑦	⑧	⑨	
Q	⊖	⓪	①	②	③	④	⑤	⑥	⑦	⑧	⑨	
R	⊖	⓪	①	②	③	④	⑤	⑥	⑦	⑧	⑨	
S	⊖	⓪	①	②	③	④	⑤	⑥	⑦	⑧	⑨	
T	⊖	⓪	①	②	③	④	⑤	⑥	⑦	⑧	⑨	
U	⊖	⓪	①	②	③	④	⑤	⑥	⑦	⑧	⑨	
V	⊖	⓪	①	②	③	④	⑤	⑥	⑦	⑧	⑨	
W	⊖	⓪	①	②	③	④	⑤	⑥	⑦	⑧	⑨	
X	⊖	⓪	①	②	③	④	⑤	⑥	⑦	⑧	⑨	
Y	⊖	⓪	①	②	③	④	⑤	⑥	⑦	⑧	⑨	
Z	⊖	⓪	①	②	③	④	⑤	⑥	⑦	⑧	⑨	

별책

정답지 ··· 001

1회 정답 및 해설 ·· 015

2회 정답 및 해설 ·· 027

3회 정답 및 해설 ·· 043

4회 정답 및 해설 ·· 057

5회 정답 및 해설 ·· 073

6회 정답 및 해설 ·· 087

解答

問 Q.		解答番号 row	正解 A.
I	問1	A	0
		B	1
		CD	11
		EFGH	2141
		I	1
		JK	43
	問2	LMN	120
		O	6
		PQ	39
		RS	11
		TU	60
II	問1	ABC	152
		DE	25
		F	9
		GHIJ	3955
		KLMN	5539
	問2	O	2
		PQ	12
		RST	638
		UV	22
		WX	22
		YZ	12
III		AB	21
		CD	21
		E	0
		F	0
		GH	−1
		IJK	1−1
		L	0
		M	4
		NO	19
IV		AB	22
		C	4
		D	9
		EFG	122
		H	1

(1)　放物線 $C : y = ax^2 + bx + c$ が点 $O(0,\ 0)$ を通ることより

$$c = \boxed{0}$$

であり，点 $A(1,\ 1)$ を通ることより

$$1 = a + b \qquad \therefore\quad b = \boxed{1} - a$$

である。これより，C の式は

$$y = ax^2 + (1-a)x$$

と書ける。さらに，点 $B(t,\ t^2 - t + 1)$ を通ることから

$$t^2 - t + 1 = at^2 + (1-a)t \qquad \therefore\quad (t-1)^2 = at(t-1)$$

であり，よって

$$at = t - 1 \qquad \therefore\quad a = \frac{t-1}{t}$$

である。これより，C の式は

$$y = \left(\frac{t - \boxed{1}}{t} \right) x^2 + \left(\frac{\boxed{1}}{t} \right) x \qquad \cdots\cdots ①$$

である。

(2)　① の右辺を平方完成すると

$$y = \left(\frac{t-1}{t} \right) x^2 + \left(\frac{1}{t} \right) x$$

$$= \left(\frac{t-1}{t} \right) \left(x^2 + \frac{1}{t-1} x \right)$$

$$= \left(\frac{t-1}{t} \right) \left\{ \left(x + \frac{1}{2(t-1)} \right)^2 - \left(\frac{1}{2(t-1)} \right)^2 \right\}$$

$$= \left(\frac{t-1}{t} \right) \left(x + \frac{1}{2(t-1)} \right)^2 - \frac{1}{4t(t-1)}$$

となる。したがって，頂点 C の座標は

$$C \left(-\frac{1}{\boxed{2}\left(t - \boxed{1}\right)},\ -\frac{1}{\boxed{4}\,t\left(t - \boxed{1}\right)} \right)$$

である。

⑶ $u=t(t-1)$ とおくと，

$$u=t(t-1)=\left(t-\frac{1}{2}\right)^2-\frac{1}{4}$$

より，図1のように，u は $\dfrac{1}{4}\leqq t\leqq\dfrac{3}{4}$ の範囲において，$t=\dfrac{1}{2}$ のとき最小値 $u=-\dfrac{1}{4}$，$t=\dfrac{1}{4}$，$\dfrac{3}{4}$ のとき最大値 $u=-\dfrac{3}{16}$ をとる。

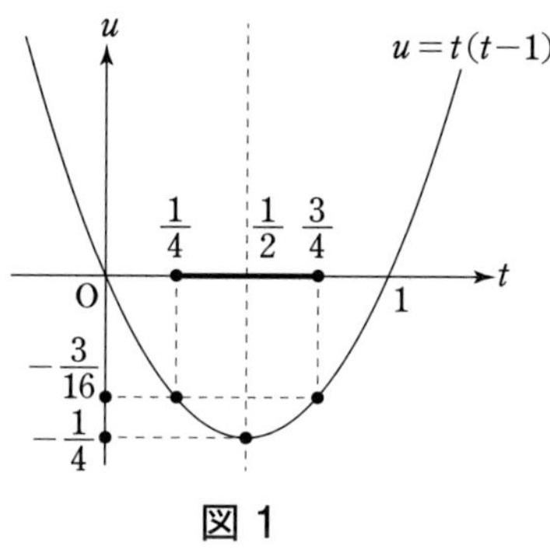

図 1

したがって

$$-\frac{1}{4}\leqq u\leqq-\frac{3}{16}\quad\therefore\quad\frac{3}{4}\leqq-4u\leqq1\quad\therefore\quad1\leqq-\frac{1}{4u}\leqq\frac{3}{4}$$

より，頂点 C の y 座標のとり得る値の範囲は

$$\boxed{1}\leqq y\leqq\frac{\boxed{4}}{\boxed{3}}$$

である。

(1) 取り出し方の総数は，異なる10個のものから3個取り出す組み合わせの総数と同じである。
したがって

$$_{10}C_3 = \frac{10 \cdot 9 \cdot 8}{3 \cdot 2 \cdot 1} = \boxed{120} \text{（通り）}$$

である。

(2) $3 \leqq a+b \leqq 6$ を満たすとき，$a < b$ であることに注意すると a，b の組 (a, b) は

$$(a, b) = (1, 2),\ (1, 3),\ (1, 4),\ (1, 5),\ (2, 3),\ (2, 4)$$

の $\boxed{6}$ 個である。それぞれの (a, b) に対して，c は $b+1 \leqq c \leqq 10$ を満たすので，$10-b$ 個の値をとり得る。したがって，求める取り出し方は

$$8+7+6+5+7+6 = \boxed{39} \text{（通り）}$$

である。

(3) $2 \leqq a+c \leqq 8$ を満たすとき，$a < b < c$ であることに注意すると a，c の組 (a, c) は

$$(a, c) = (1, 3),\ (1, 4),\ (1, 5),\ (1, 6),\ (1, 7),$$
$$(2, 4),\ (2, 5),\ (2, 6),\ (3, 5)$$

の9個ある。それぞれの (a, c) に対して，b は $a+1 \leqq b \leqq c-1$ を満たすので，$c-a-1$ 個の値をとり得る。よって，すべての取り出し方は

$$1+2+3+4+5+1+2+3+1 = 22 \text{（通り）}$$

であり，したがって，求める確率は

$$\frac{22}{120} = \frac{\boxed{11}}{\boxed{60}}$$

である。

| 解答：Ⅱ 　問 1 | 　難易度 ★★ |

$\overrightarrow{AB}=\vec{b}-\vec{a}$ より

$$|\overrightarrow{AB}|^2=(\vec{b}-\vec{a})\cdot(\vec{b}-\vec{a})$$
$$=|\vec{b}|^2-2\vec{a}\cdot\vec{b}+|\vec{a}|^2$$

$$\therefore\ \vec{a}\cdot\vec{b}=\frac{3^2+5^2-7^2}{2}=-\frac{\boxed{15}}{\boxed{2}}$$

である。図 1 のように，三角形 OAB の外心 C について
$$|\overrightarrow{CO}|=|\overrightarrow{CA}|=|\overrightarrow{CB}|$$
が成り立つので

$$|\overrightarrow{CA}|^2=|\overrightarrow{OA}-\overrightarrow{OC}|^2$$
$$=(\vec{a}-\overrightarrow{OC})\cdot(\vec{a}-\overrightarrow{OC})$$
$$=|\vec{a}|^2-2\overrightarrow{OC}\cdot\vec{a}+|\overrightarrow{OC}|^2$$

より

$$\overrightarrow{OC}\cdot\vec{a}=\frac{1}{2}|\vec{a}|^2=\frac{\boxed{25}}{2}$$

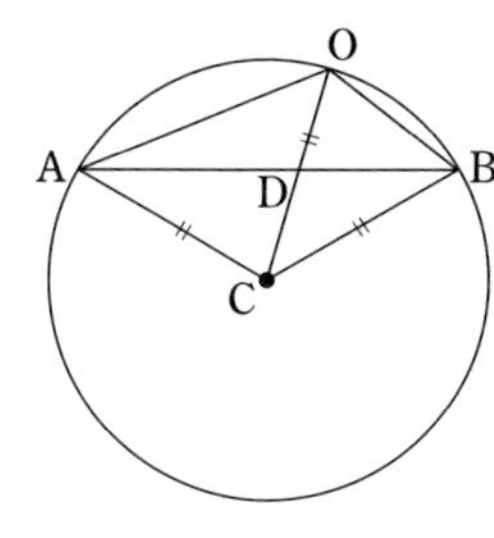

図 1

である。同様に

$$|\overrightarrow{CB}|^2=|\overrightarrow{OB}-\overrightarrow{OC}|^2$$
$$=(\vec{b}-\overrightarrow{OC})\cdot(\vec{b}-\overrightarrow{OC})$$
$$=|\vec{b}|^2-2\overrightarrow{OC}\cdot\vec{b}+|\overrightarrow{OC}|^2$$

より

$$\overrightarrow{OC}\cdot\vec{b}=\frac{1}{2}|\vec{b}|^2=\frac{\boxed{9}}{2}$$

である。ここで

$$\overrightarrow{OC}=x\vec{a}+y\vec{b}$$

とおくと

$$\begin{cases}\overrightarrow{OC}\cdot\vec{a}=x|\vec{a}|^2+y\vec{a}\cdot\vec{b}\\\overrightarrow{OC}\cdot\vec{b}=x\vec{a}\cdot\vec{b}+y|\vec{b}|^2\end{cases}\quad\therefore\ \begin{cases}25x-\dfrac{15}{2}y=\dfrac{25}{2}\\[2mm]-\dfrac{15}{2}x+9y=\dfrac{9}{2}\end{cases}$$

である。したがって

$$x = \frac{13}{15}, \quad y = \frac{11}{9}$$

であり

$$\overrightarrow{OC} = \frac{\boxed{39}\,\vec{a} + \boxed{55}\,\vec{b}}{45}$$

となる。これより

$$\overrightarrow{OC} = \frac{94}{45}\left(\frac{39\,\vec{a} + 55\,\vec{b}}{94}\right)$$

である。ここで

$$\overrightarrow{OP} = \frac{39\,\vec{a} + 55\,\vec{b}}{94}$$

とおくと，$\dfrac{39}{94} + \dfrac{55}{94} = 1$ より，点 P は線分 AB を $55 : 39$ に内分する点である。また，$\overrightarrow{OC} = \dfrac{94}{45}\overrightarrow{OP}$ より，点 P は直線 OC 上にある。したがって，点 P は点 D に一致していて

$$\overrightarrow{OD} = \frac{39\,\vec{a} + 55\,\vec{b}}{94}$$

であり，図 2 のように，線分の長さの比

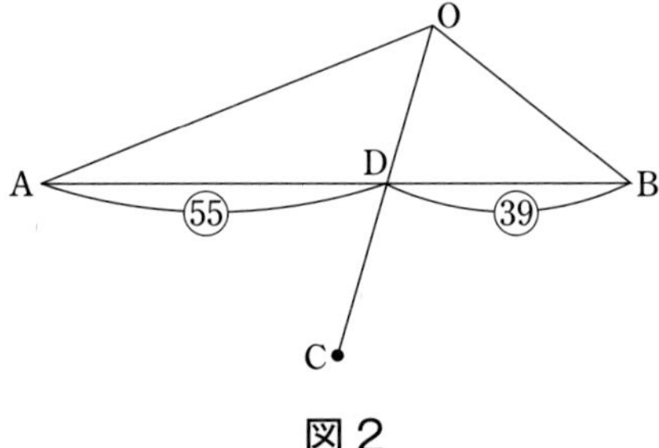

図 2

$$\frac{\text{AD}}{\text{DB}} = \frac{\boxed{55}}{\boxed{39}}$$

を得る。

解答：Ⅱ　問2　　難易度 ★★

(1)　$1+\sqrt{3}\,i$ と $1+i$ をそれぞれ極形式にすると

$$1+\sqrt{3}\,i=2\left(\cos\frac{\pi}{3}+i\sin\frac{\pi}{3}\right),\ \ 1+i=\sqrt{2}\left(\cos\frac{\pi}{4}+i\sin\frac{\pi}{4}\right)$$

である。よって

$$u=\frac{2}{\sqrt{2}}\left\{\cos\left(\frac{\pi}{3}-\frac{\pi}{4}\right)+i\sin\left(\frac{\pi}{3}-\frac{\pi}{4}\right)\right\}$$

$$=\sqrt{\boxed{2}}\left\{\cos\left(\frac{\pi}{\boxed{12}}\right)+i\sin\left(\frac{\pi}{12}\right)\right\}$$

である。これより

$$u^6=(\sqrt{2})^6\left\{\cos\left(\frac{\pi}{12}\cdot 6\right)+i\sin\left(\frac{\pi}{12}\cdot 6\right)\right\}$$

$$=8\left(\cos\frac{\pi}{2}+i\sin\frac{\pi}{2}\right)=8i$$

$$\therefore\ \ \frac{1}{u^6}=\frac{1}{8i}=-\frac{1}{8}i$$

である。よって

$$u^6+\frac{1}{u^6}=\left(8-\frac{1}{8}\right)i=\frac{\boxed{63}}{\boxed{8}}i$$

である。

(2)　(1) より

$$u^2=2\left(\cos\frac{\pi}{6}+i\sin\frac{\pi}{6}\right)$$

であり，任意の $w\in D_1$ に対して $w=zu^2$ であることから

$$z=\frac{w}{u^2}=\frac{1}{2}w\left\{\cos\left(-\frac{\pi}{6}\right)+i\sin\left(-\frac{\pi}{6}\right)\right\}\in D_2$$

である。よって，図1のように，複素数平面で点 A(w) と B(z) を考えると，$\overrightarrow{\mathrm{OA}}$ を，長さを $\dfrac{1}{2}$ 倍にして，始点 O を固定して時計回りに $\dfrac{\pi}{6}$ だけ回転したものが $\overrightarrow{\mathrm{OB}}$ である。これより，図2の

ように，領域 D_2 は，正方形の領域 D_1 を $\dfrac{1}{2}$ 倍して，原点中心に時計まわりに $\dfrac{\pi}{6}$ だけ回転したものである。特に，D_2 は 1 辺の長さが $\dfrac{1}{2}$ の正方形であり，中心が O で半径が $\dfrac{\sqrt{2}}{2}$ の円内にある。

さらに，$w = 1 + i$ のとき

$$z = \frac{\sqrt{2}}{2}\left\{\cos\left(\frac{\pi}{4} - \frac{\pi}{6}\right) + i\sin\left(\frac{\pi}{4} - \frac{\pi}{6}\right)\right\} = \frac{\sqrt{2}}{2}\left\{\cos\left(\frac{\pi}{12}\right) + i\sin\left(\frac{\pi}{12}\right)\right\}$$

であり，図 2 の点 C は点 D に移動している。

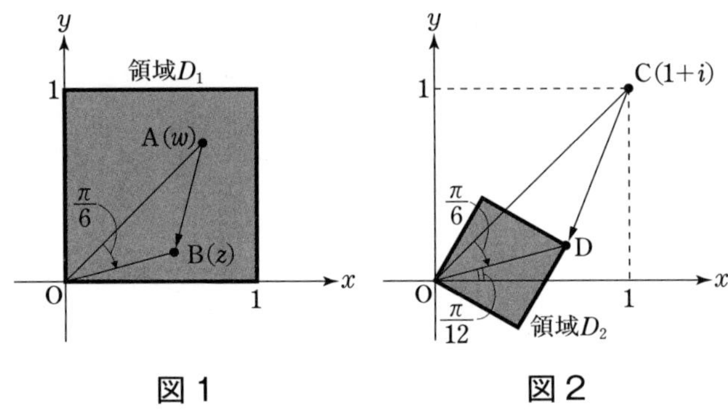

図 1　　　　図 2

したがって，図 3 のように，線分 PQ の長さが最小となるのは，点 P(z) が点 D に一致して，かつ，点 Q が直線 OP 上にあるときである。よって，求める最小値 m は

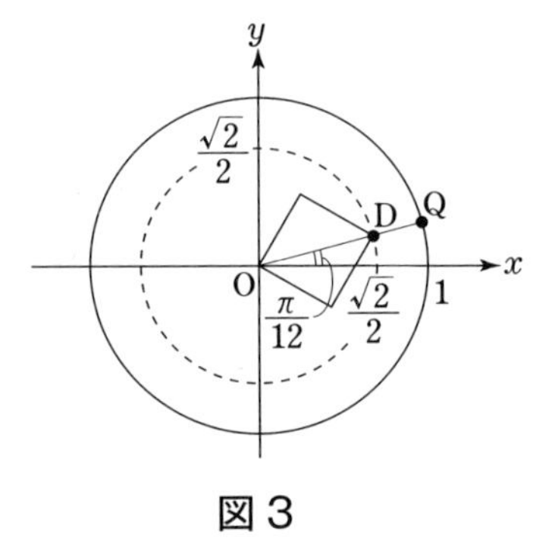

図 3

$$m = 1 - \frac{\sqrt{2}}{2} = \frac{\boxed{2} - \sqrt{\boxed{2}}}{2}$$

であり，最小となるときの z について

$$|z| = \frac{\sqrt{\boxed{2}}}{\boxed{2}}, \quad \arg z = \frac{\pi}{\boxed{12}}$$

である。

[解答：Ⅲ]　難易度 ★★

極限値の式

$$\lim_{t \to \infty} \frac{\log t}{t} = 0$$

において，$t = \dfrac{1}{x}$ とおくと，$t \to \infty$ のとき $x \to +0$ であり

$$\lim_{t \to \infty} \frac{\log t}{t} = \lim_{x \to +0} x \log \frac{1}{x} = -\lim_{x \to +0} x \log x = 0$$

である。よって

$$\lim_{x \to +0} x \log x = 0 \qquad \cdots\cdots ①$$

である。

(1)　関数 $f(x)$ を x で微分すると

$$f'(x) = (x^2)' \log x + x^2 (\log x)' - (x^2)'$$
$$= 2x \log x + x^2 \cdot \frac{1}{x} - 2x$$
$$= \left(\boxed{2} \log x - \boxed{1} \right) x$$

である。導関数 $f'(x)$ を x で微分すると

$$f''(x) = (2\log x - 1)'x + (2\log x - 1)(x)'$$
$$= \left(2 \cdot \frac{1}{x} \right) x + 2\log x - 1$$
$$= \boxed{2} \log x + \boxed{1}$$

である。よって，① より

$$\lim_{x \to +0} f(x) = \boxed{0}, \quad \lim_{x \to +0} f'(x) = \boxed{0}$$

である。

(2)　曲線 $y = f(x)$ 上の点 $\mathrm{A}(a, f(a))$ $(a > 0)$ における接線の方程式は

$$y = f'(a)(x - a) + f(a)$$
$$= (2\log a - 1)a(x - a) + a^2 \log a - a^2$$
$$= (2\log a - 1)ax - a^2 \log a$$

である。この接線が原点 O を通るとき

$$-a^2 \log a = 0 \qquad \therefore \quad a = 1$$

である。したがって，接線の方程式は $y = -x$ であり，傾きは $\boxed{-1}$，接点 A の座標は $\left(\boxed{1}, \boxed{-1} \right)$ である。

(3) 関数 $f(x)$ の増減は次のようになる。

x	(0)	$\cdots\cdots$	$\dfrac{1}{\sqrt{e}}$	$\cdots\cdots$	$\sqrt{e}$	$\cdots\cdots$
$f'(x)$	(0)	$-$	$-$	$-$	0	$+$
$f''(x)$	$-$	$-$	0	$+$	$+$	$+$
$f(x)$	(0)	$\searrow$	変曲点	$\searrow$	極小	$\nearrow$

ここで

$$f(\sqrt{e}) = e \log \sqrt{e} - e = -\frac{1}{2}e$$

$$f\left(\frac{1}{\sqrt{e}}\right) = \frac{1}{e} \log\left(\frac{1}{\sqrt{e}}\right) - \frac{1}{e} = -\frac{3}{2e}$$

である。したがって，関数 $f(x)$ は，$x = \boxed{\sqrt{e} \cdots\cdots ⓪}$ で極小値 $\boxed{-\dfrac{e}{2} \cdots\cdots ④}$ をとり，極大値

はもたない。また，曲線 $y = f(x)$ の変曲点 I の座標は

$$\mathrm{I}\left(\boxed{\frac{1}{\sqrt{e}} \cdots\cdots ①}, \boxed{-\frac{3}{2e} \cdots\cdots ⑨} \right)$$

である。これより，曲線 $y = f(x)$ は図 1 のようになる。

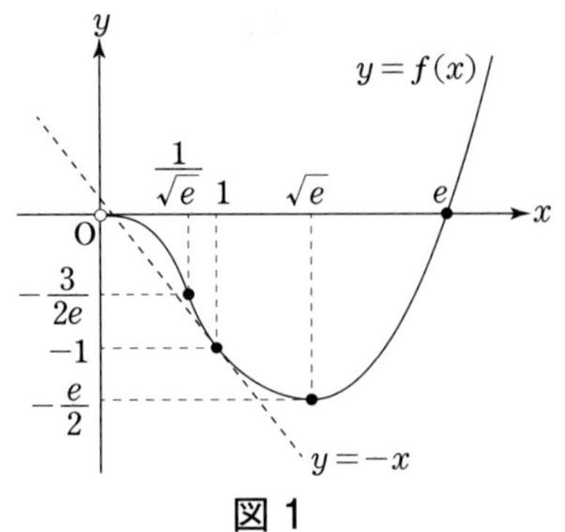

図 1

$\boxed{\text{解答：IV}}$　**難易度 ★★**

(1)　$f(x)$ の導関数は

$$f'(x)=\frac{(1-\log x)'x-(1-\log x)x'}{x^2}$$

$$=\frac{\left(-\dfrac{1}{x}\right)\cdot x-(1-\log x)}{x^2}$$

$$=\frac{\log x-\boxed{2}}{x^{\boxed{2}}}$$

であり，関数 $f(x)$ の増減は次のようになる。

x	(0)	$\cdots\cdots$	e^2	$\cdots\cdots$
$f'(x)$		$-$	0	$+$
$f(x)$		$\searrow$	極小	$\nearrow$

したがって，関数 $f(x)$ は，$x=\boxed{e^2\cdots\cdots④}$ で極小値 $f(e^2)=\boxed{-\dfrac{1}{e^2}\cdots\cdots⑨}$ をとる。

(2)　$t=\log x$ とおくと，$dt=\dfrac{1}{x}dx$ であり，$f(x)$ の原始関数は

$$\int f(x)\,dx=\int\frac{1-\log x}{x}\,dx$$

$$=\int(1-t)\,dt$$

$$=t-\frac{1}{2}t^2+C$$

$$=\log x-\frac{\boxed{1}}{\boxed{2}}(\log x)^{\boxed{2}}+C$$

となる。ただし，C は定数である。ここで

$$F(x) = \log x - \frac{1}{2}(\log x)^2$$

とおく。また，曲線 $y = f(x)$ は図 1 のようになる。

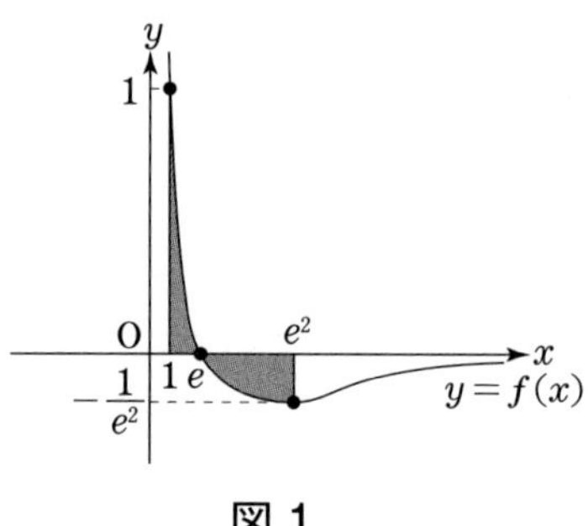

図 1

したがって，曲線 $y = f(x)$ と直線 $x = 1$, $x = e^2$ と x 軸で囲まれる図形の面積 S は

$$S = \int_1^e \left(\frac{1 - \log x}{x}\right) dx + \int_e^{e^2} -\left(\frac{1 - \log x}{x}\right) dx$$

$$= \Big[F(x) \Big]_1^e - \Big[F(x) \Big]_e^{e^2}$$

$$= -F(1) + 2F(e) - F(e^2)$$

$$= \boxed{1}$$

である。

解答

問 Q.		解答番号 row	正解 A.
I	問1	A	2
		B	2
		CDE	222
		F	1
		G	1
		HI	12
		J	2
		K	1
		L	1
	問2	MN	59
		OP	29
		QRS	212
		TUV	405
		WXY	182
II	問1	AB	20
		C	5
		D	8
		E	3
		F	3
		G	2
		HIJK	8513
	問2	LM	13
		NOP	132
		QRST	-132
		UVW	435
		XYZ	338
III		AB	11
		CD	21
		EF	41
		GH	21
		I	0
		J	2
		KLMN	2442
		OPQR	1214
		ST	12
		UVW	121
		X	1
		Y	1

問 Q.	解答番号 row	正解 A.
IV	A	0
	B	4
	C	2
	DE	43
	FGH	224
	IJKL	2323
	MN	13
	OPQ	224
	RST	-44

第2回

t を $0 < t < 2$ を満たす実数とする。xy 平面上の 3 点

$$\mathrm{A}(0,\ 1),\ \ \mathrm{B}(t,\ 0),\ \ \mathrm{C}(t-2,\ 0)$$

を通る放物線を C として，C の頂点を D とする。このとき，以下の問いに答えなさい。

(1) 放物線 C が，x 軸上の 2 点 $\mathrm{B}(t,\ 0)$，$\mathrm{C}(t-2,\ 0)$ を通ることから，C の式は

$$y = a(x-t)\Big(x-t+\boxed{2}\Big) \quad (a \neq 0)$$

と表せる。さらに，C は点 $\mathrm{A}(0,\ 1)$ を通ることから

$$1 = at(t-2) \qquad \therefore \quad a = \frac{1}{t(t-2)}$$

であり，C の式は

$$y = \frac{1}{t\left(t-\boxed{2}\right)}x^2 - \frac{\boxed{2}\,t-\boxed{2}}{t\left(t-\boxed{2}\right)}x + \boxed{1}$$

である。

(2) C の式の右辺を平方完成すると

$$y = \frac{1}{t(t-2)}x^2 - \frac{2t-2}{t(t-2)}x + 1$$

$$= \frac{1}{t(t-2)}\{x^2 - 2(t-1)x\} + 1$$

$$= \frac{1}{t(t-2)}\big[\{x-(t-1)\}^2 - (t-1)^2\big] + 1$$

$$= \frac{1}{t(t-2)}(x-t+1)^2 - \frac{(t-1)^2}{t(t-2)} + 1$$

$$= \frac{1}{t(t-2)}(x-t+1)^2 - \frac{1}{t(t-2)}$$

である。したがって，頂点 D の座標は

$$\mathrm{D}\left(t-\boxed{1},\ -\frac{\boxed{1}}{t\left(t-\boxed{2}\right)}\right)$$

である。

(3) 図1のように，放物線 $y = ax^2$ と2直線 $y = x$，$y = -x$ の交点をそれぞれ G，H とすると

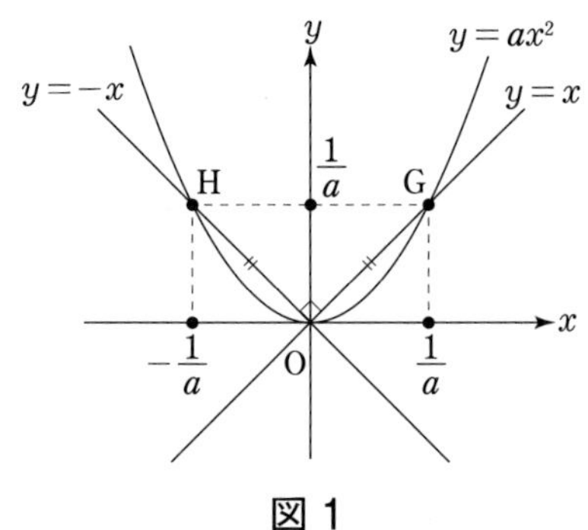

図 1

$$G\left(\frac{1}{a},\ \frac{1}{a}\right),\ H\left(-\frac{1}{a},\ \frac{1}{a}\right)$$

である。このとき

$$OG = OH,\quad \angle GOH = 90°$$

であり，直角二等辺三角形 OGH の面積は $\left(\dfrac{1}{a}\right)^2$ である。このことは，$a < 0$ の場合も成り立つ。

したがって，$a = \dfrac{1}{t(t-2)}$ の場合を考えると，求める直角二等辺三角形 DEF の面積 S は

$$S = t^2\left(t - \boxed{2}\right)^2$$

である。さらに

$$S = \{t(t-2)\}^2 = \{(t-1)^2 - 1\}^2$$

より，S は $t = \boxed{1}$ のとき，最大値 $\boxed{1}$ をとる。

(1) 試行1において，10枚のカードから2枚のカードをランダムに取り出す。取り出し方の総数は

$$_{10}C_2 = \frac{10\cdot 9}{2\cdot 1} = 45$$

である。よって，赤のカードを1枚と黒のカードを1枚取り出す確率は

$$\frac{5\cdot 5}{_{10}C_2} = \frac{25}{45} = \frac{\boxed{5}}{\boxed{9}}$$

であり，赤のカードを2枚取り出す確率は

$$\frac{_5C_2}{_{10}C_2} = \frac{10}{45} = \frac{\boxed{2}}{\boxed{9}}$$

である。また，黒のカードを2枚取り出す確率は

$$\frac{_5C_2}{_{10}C_2} = \frac{10}{45} = \frac{2}{9}$$

である。

(2) 試行2においても，10枚のカードから2枚のカードをランダムに取り出すので，取り出し方の総数は

$$_{10}C_2 = \frac{10\cdot 9}{2\cdot 1} = 45$$

である。しかし，試行1の結果により，箱に入っている赤と黒のカードの枚数が異なってくる。

(a) 試行1で赤のカードを2枚取り出した場合，箱には赤のカードが5枚，黒のカードが5枚入っている。

　(i) 試行2で赤のカード2枚取り出す確率は

$$\frac{2}{9}\cdot\frac{_5C_2}{_{10}C_2} = \frac{2}{9}\cdot\frac{2}{9} = \frac{4}{81}$$

である。このとき，箱には赤のカード3枚と黒のカードが7枚入っている。

（ii）　試行 2 で赤のカード 1 枚と黒のカード 1 枚取り出す確率は

$$\frac{2}{9}\cdot\frac{5\cdot5}{{}_{10}\mathrm{C}_2}=\frac{2}{9}\cdot\frac{5}{9}=\frac{10}{81}$$

である。このとき，箱には赤のカード 4 枚と黒のカードが 6 枚入っている。

（iii）　試行 2 で黒のカード 2 枚取り出す確率は

$$\frac{2}{9}\cdot\frac{{}_{5}\mathrm{C}_2}{{}_{10}\mathrm{C}_2}=\frac{2}{9}\cdot\frac{2}{9}=\frac{4}{81}$$

である。このとき，箱には赤のカード 5 枚と黒のカードが 5 枚入っている。

(b)　試行 1 で赤のカードを 1 枚，黒のカードを 1 枚取り出した場合，箱には赤のカードが 6 枚，黒のカードが 4 枚入っている。

（i）　試行 2 で赤のカード 2 枚取り出す確率は

$$\frac{5}{9}\cdot\frac{{}_{6}\mathrm{C}_2}{{}_{10}\mathrm{C}_2}=\frac{5}{9}\cdot\frac{1}{3}=\frac{5}{27}$$

である。このとき，箱には赤のカード 4 枚と黒のカードが 6 枚入っている。

（ii）　試行 2 で赤のカード 1 枚と黒のカード 1 枚取り出す確率は

$$\frac{5}{9}\cdot\frac{6\cdot4}{{}_{10}\mathrm{C}_2}=\frac{5}{9}\cdot\frac{8}{15}=\frac{8}{27}$$

である。このとき，箱には赤のカード 5 枚と黒のカードが 5 枚入っている。

（iii）　試行 2 で黒のカード 2 枚取り出す確率は

$$\frac{5}{9}\cdot\frac{{}_{4}\mathrm{C}_2}{{}_{10}\mathrm{C}_2}=\frac{5}{9}\cdot\frac{2}{15}=\frac{2}{27}$$

である。このとき，箱には赤のカード 6 枚と黒のカードが 4 枚入っている。

(c)　試行 1 で黒のカードを 2 枚取り出した場合，箱には赤のカードが 7 枚，黒のカードが 3 枚入っている。

（i）　試行 2 で赤のカード 2 枚取り出す確率は

$$\frac{2}{9}\cdot\frac{{}_{7}\mathrm{C}_2}{{}_{10}\mathrm{C}_2}=\frac{2}{9}\cdot\frac{7}{15}=\frac{14}{135}$$

である。このとき，箱には赤のカード 5 枚と黒のカードが 5 枚入っている。

（ii）　試行 2 で赤のカード 1 枚と黒のカード 1 枚取り出す確率は

$$\frac{2}{9}\cdot\frac{7\cdot3}{{}_{10}\mathrm{C}_2}=\frac{2}{9}\cdot\frac{7}{15}=\frac{14}{135}$$

である。このとき，箱には赤のカード 6 枚と黒のカードが 4 枚入っている。

(iii) 試行 2 で黒のカード 2 枚取り出す確率は

$$\frac{2}{9} \cdot \frac{{}_3C_2}{{}_{10}C_2} = \frac{2}{9} \cdot \frac{1}{15} = \frac{2}{135}$$

である。このとき，箱には赤のカード 7 枚と黒のカードが 3 枚入っている。

したがって，試行 2 において箱から赤のカード 1 枚と黒のカードを 1 枚取り出す確率は

$$\frac{10}{81} + \frac{8}{27} + \frac{14}{135} = \frac{50 + 120 + 42}{405} = \frac{\boxed{212}}{\boxed{405}}$$

である。また，試行 2 を行った後，箱に入っている赤のカードと黒のカードの枚数が同じになる確率は

$$\frac{4}{81} + \frac{8}{27} + \frac{14}{135} = \frac{20 + 120 + 42}{405} = \frac{\boxed{182}}{405}$$

である。

$\boxed{\text{解答：Ⅱ　問1}}$　　**難易度 ★★**

$\overrightarrow{\mathrm{AB}}=\vec{b}-\vec{a}$ より

$$|\overrightarrow{\mathrm{AB}}|^2=(\vec{b}-\vec{a})\cdot(\vec{b}-\vec{a})=|\vec{b}|^2-2\vec{a}\cdot\vec{b}+|\vec{a}|^2$$

$$\therefore\ \vec{a}\cdot\vec{b}=\frac{|\vec{a}|^2+|\vec{b}|^2-|\overrightarrow{\mathrm{AB}}|^2}{2}=\frac{5^2+8^2-7^2}{2}=\boxed{20}$$

である。また，$\vec{a}$ と向きが同じである単位ベクトル $\vec{e}$ と，$\vec{b}$ と向きが同じである単位ベクトル $\vec{f}$ は

$$\vec{e}=\frac{\vec{a}}{|\vec{a}|}=\frac{\vec{a}}{\boxed{5}},\ \ \vec{f}=\frac{\vec{b}}{|\vec{b}|}=\frac{\vec{b}}{\boxed{8}}$$

である。

　ここで，I は三角形 OAB の内心であり，直線 OI は $\angle$AOB の 2 等分線であるので，k を実数として
$$\overrightarrow{\mathrm{OI}}=k(\vec{e}+\vec{f})$$
と表せる。実際，図1のように，1 辺の長さが 1 のひし形 PQRS を考えると，直線 PR は $\angle$QRS の 2 等分線であり，かつ，直線 PR は $\overrightarrow{\mathrm{PR}}=\overrightarrow{\mathrm{PQ}}+\overrightarrow{\mathrm{PS}}$ に平行である。

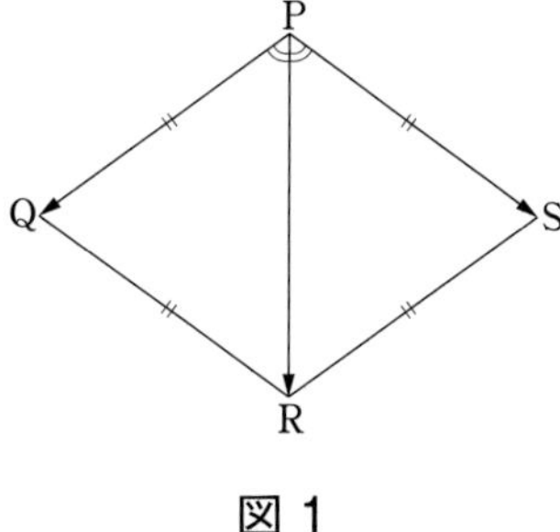

図 1

さらに，$\vec{e}$, $\vec{f}$ は単位ベクトルであるので，図 2 のように

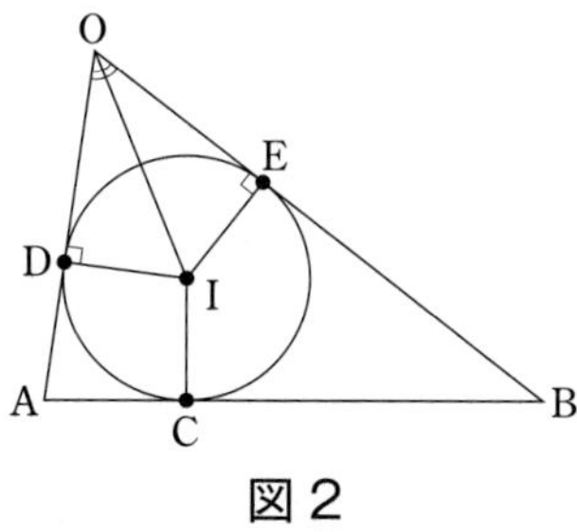

図 2

$$\overrightarrow{\mathrm{OI}}\cdot\vec{e}=|\overrightarrow{\mathrm{OI}}||\vec{e}|\cos\angle\mathrm{IOD}=|\overrightarrow{\mathrm{OI}}|\cos\angle\mathrm{IOD}=\mathrm{OD}$$
$$\overrightarrow{\mathrm{OI}}\cdot\vec{f}=|\overrightarrow{\mathrm{OI}}||\vec{f}|\cos\angle\mathrm{IOE}=|\overrightarrow{\mathrm{OI}}|\cos\angle\mathrm{IOE}=\mathrm{OE}$$

である。また，図3より

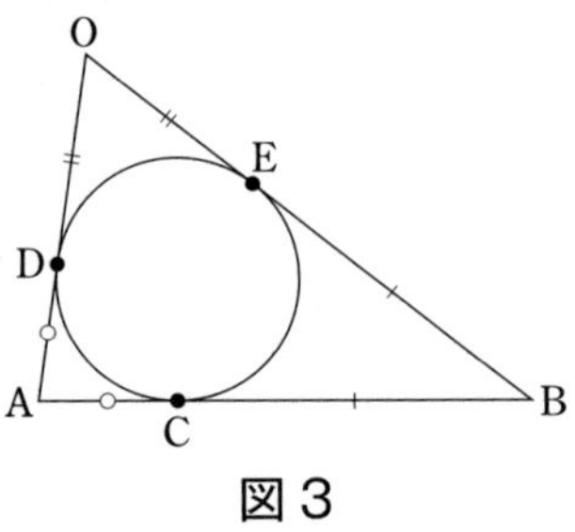

図3

$$\mathrm{OD} = \mathrm{OE} = \frac{5+8+7-2\cdot 7}{2} = \frac{5+8-7}{2} = 3$$

である。よって

$$\overrightarrow{\mathrm{OI}} \cdot \vec{e} = \boxed{3}, \quad \overrightarrow{\mathrm{OI}} \cdot \vec{f} = \boxed{3}$$

である。

　ここで

$$\vec{e} \cdot \vec{f} = \frac{\vec{a} \cdot \vec{b}}{5 \cdot 8} = \frac{1}{2}$$

より

$$\overrightarrow{\mathrm{OI}} \cdot \vec{e} = k\left(|\vec{e}|^2 + \vec{e} \cdot \vec{f}\right) = k\left(1 + \frac{1}{2}\right) = \frac{3}{2}k$$

である。よって

$$k = \boxed{2}$$

である。したがって

$$\overrightarrow{\mathrm{OI}} = \frac{2}{5}\vec{a} + \frac{1}{4}\vec{b} = \frac{8\vec{a} + 5\vec{b}}{20}$$

である。さらに

$$\overrightarrow{\mathrm{OI}} = \frac{13}{20}\left(\frac{8\vec{a} + 5\vec{b}}{13}\right) = \frac{13}{20}\overrightarrow{\mathrm{OC}}$$

より

$$\overrightarrow{\mathrm{OC}} = \frac{\boxed{8}\,\vec{a} + \boxed{5}\,\vec{b}}{\boxed{13}}$$

である。

| 解答：Ⅱ　問2 | 難易度 ★★ |

(1)　偏角について

$$\arg\left(\frac{\alpha-\beta}{\alpha}\right)=\arg(\alpha-\beta)-\arg\alpha=\frac{\pi}{2}$$

を満たすので，$\overrightarrow{\mathrm{OA}}$ と $\overrightarrow{\mathrm{BA}}$ の位置関係は図1のようになる。特に，直線 AB は円 C_1 に接していて

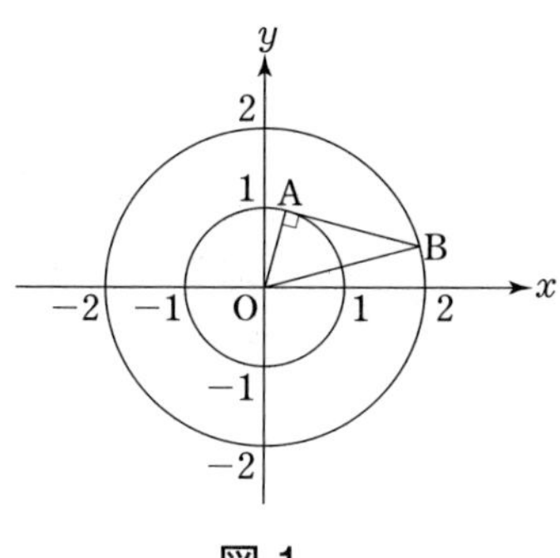

図1

$$\angle\mathrm{BOA}=\frac{\pi}{3}$$

を満たす。したがって

$$\beta=\alpha\cdot 2\left\{\cos\left(-\frac{\pi}{3}\right)+\sin\left(-\frac{\pi}{3}\right)\right\}=\alpha\left(\boxed{1}-\sqrt{\boxed{3}}\,i\right)$$

である。

(2)　線分 AB の垂直二等分線 ℓ は，$\overrightarrow{\mathrm{OA}}$ を方向ベクトルとして点 $\mathrm{C}(\gamma)$ を通る直線である。よって，点 $\mathrm{P}(z)$ は ℓ 上にあることから，k を実数として

$$\overrightarrow{\mathrm{OP}}=k\overrightarrow{\mathrm{OA}}+\overrightarrow{\mathrm{OC}}$$

すなわち

$$z=k\alpha+\gamma$$

と書ける。ここで

$$\gamma=\frac{\alpha+\beta}{2}=\alpha\left(1-\frac{\sqrt{3}}{2}i\right)$$

であり，したがって

$$z=k\alpha+\alpha\left(\boxed{1}-\frac{\sqrt{\boxed{3}}}{\boxed{2}}i\right)\qquad\cdots\cdots①$$

である。複素共役をとると

$$\overline{z} = k\overline{\alpha} + \overline{\alpha}\left(1 + \frac{\sqrt{3}}{2}i\right) \qquad \cdots\cdots ②$$

である。

　ここで，点 P が実軸上にあるとき，$z = \overline{z}$ を満たすので，① − ② より

$$0 = (\alpha - \overline{\alpha})(k+1) - \frac{\sqrt{3}}{2}(\alpha + \overline{\alpha})i$$

を満たす。これより

$$k = \boxed{-1} + \sqrt{\frac{\boxed{3}}{\boxed{2}}}\left(\frac{\alpha + \overline{\alpha}}{\alpha - \overline{\alpha}}\right)i$$

である。

(3)　α が $\alpha - \overline{\alpha} = \dfrac{6}{5}i$ のとき，α の虚数部分 $\mathrm{Im}(\alpha)$ は

$$\mathrm{Im}(\alpha) = \frac{\alpha - \overline{\alpha}}{2i} = \frac{3}{5}$$

である。さらに，$0 < \arg\alpha < \dfrac{\pi}{2}$ より，α の実数部分 $\mathrm{Re}(\alpha)$ は，図 2 より

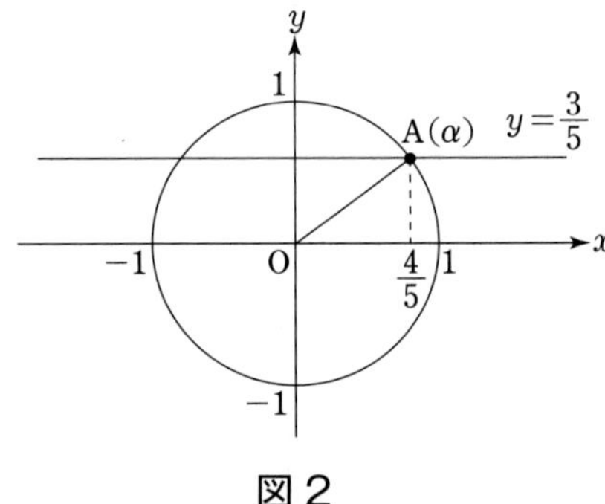

図 2

$$\mathrm{Re}(\alpha) = \frac{\alpha + \overline{\alpha}}{2} = \frac{4}{5}$$

である。よって

$$\alpha = \frac{\boxed{4} + \boxed{3}\,i}{\boxed{5}} \qquad \therefore\quad \alpha + \overline{\alpha} = \frac{8}{5}$$

である。

　ここで，点 P が虚軸上にあるとき，$z+\overline{z}=0$ を満たすので，①＋② より

$$0=(\alpha+\overline{\alpha})(k+1)-\frac{\sqrt{3}}{2}(\alpha-\overline{\alpha})i$$

$$\therefore\quad 0=\frac{8}{5}(k+1)-\left(\frac{\sqrt{3}}{2}i\right)\left(\frac{6}{5}i\right)$$

を満たす。したがって

$$k=-\frac{\boxed{3}\sqrt{\boxed{3}}}{\boxed{8}}-1$$

である。

(1)　放物線 $C : y = ax^2 + bx + c$ が点 $\mathrm{O}(0,\ 0)$，点 $\mathrm{A}(1,\ 1)$ を通ることより

$$a + b = 1 \quad かつ \quad c = 0$$

である。さらに，点 $\mathrm{B}(t,\ t^2 - t + 1)$ を通ることから

$$t^2 - t + 1 = at^2 + (1-a)t \qquad \therefore \quad (t-1)^2 = at(t-1)$$

であり，よって

$$at = (t-1) \qquad \therefore \quad a = \frac{t-1}{t}$$

である。これより，C の式は

$$y = \left(\frac{t - \boxed{1}}{t}\right)x^2 + \left(\frac{\boxed{1}}{t}\right) = \left(\frac{t-1}{t}\right)\left\{x + \frac{1}{2(t-1)}\right\}^2 - \frac{1}{4t(t-1)}$$

であり，頂点 P の座標は

$$\mathrm{P}\left(-\frac{1}{\boxed{2}\left(t - \boxed{1}\right)},\ -\frac{1}{\boxed{4}\,t\left(t - \boxed{1}\right)}\right)$$

である。

(2)　(1)より，頂点 P の座標 $(x,\ y)$ は

$$\begin{cases} x = -\dfrac{1}{2(t-1)} & \cdots\cdots① \\[3mm] y = -\dfrac{1}{4t(t-1)} & \cdots\cdots② \end{cases}$$

である。図 1 より，t が $t \neq 0,\ 1$ を満たして動くとき，x は 0 と $\dfrac{1}{2}$ 以外のすべての実数値をとり得る。また，①÷②より

$$\frac{x}{y} = 2t \qquad \therefore \quad t = \frac{x}{2y}$$

であり，これを ① に代入すると

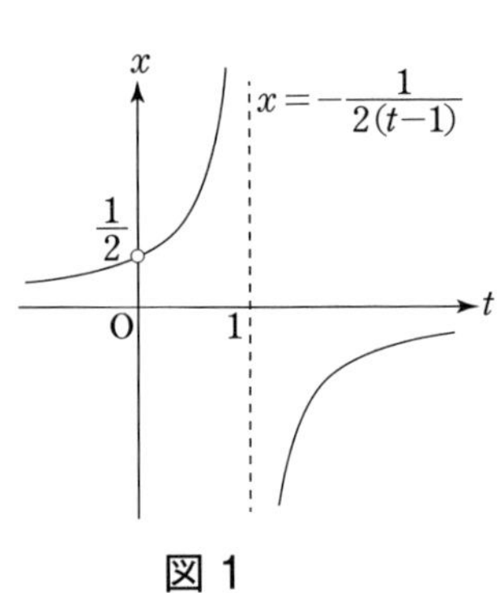

$$x = -\frac{1}{2\left(\dfrac{x}{2y}-1\right)} = -\frac{y}{x-2y} \qquad \therefore \quad x(x-2y) = -y$$

である。よって

$$(2x-1)y = x^2 \qquad \therefore \quad y = \frac{x^2}{2x-1}$$

となる。したがって，点 P の軌跡の方程式は

$$y = \frac{x^2}{\boxed{2}\,x - \boxed{1}} \qquad \cdots\cdots ③$$

である。ただし，x は

$$x \neq \boxed{0},\ \frac{1}{\boxed{2}}$$

を満たす。

(3) 最初に

$$x^2 = \left(\frac{1}{2}x + \frac{1}{4}\right)(2x-1) + \frac{1}{4}$$

であり

$$f(x) = \frac{1}{\boxed{2}}\,x + \frac{1}{\boxed{4}} + \frac{1}{\boxed{4}\left(\boxed{2}\,x-1\right)}$$

である。これより，曲線 $y = f(x)$ は 2 つの漸近線

$$y = \frac{1}{\boxed{2}}\,x + \frac{1}{\boxed{4}},\quad x = \frac{1}{\boxed{2}}$$

を持つ。また，$f(x)$ の導関数は

$$f'(x) = \frac{1}{2} - \frac{1}{2(2x-1)^2} = \frac{(2x-1)^2 - 1}{2(2x-1)^2} = \frac{2x\left(x - \boxed{1}\right)}{\left(\boxed{2}\,x - \boxed{1}\right)^2}$$

である。これより，$f(x)$ の増減は次のようになる。

x		……	(0)	……	$\left(\dfrac{1}{2}\right)$	……	1	……
$f'(x)$		$+$	(0)	$-$		$-$	0	$+$
$f(x)$		↗	(0)	↘		↘	極小	↗

したがって，$x \neq 0$，$\dfrac{1}{2}$ の範囲において，関数 $f(x)$ は $x = \boxed{1}$ で極小値 $\boxed{1}$ をとり，曲線 $y = f(x)$ は図 2 のようになる。

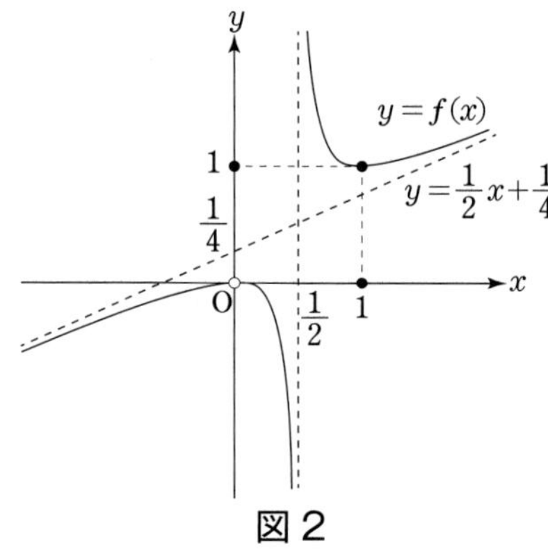

図 2

関数 $g(x)$ を

$$f(x) = \log g(x), \quad g(x) = \frac{x(4-x)}{3}$$

とおく。対数の真数条件より

$$g(x) = \frac{x(4-x)}{3} > 0 \quad \therefore \quad \boxed{0} < x < \boxed{4}$$

である。以下，$f(x)$ の定義域 $\mathrm{Dom}(f)$ は

$$\mathrm{Dom}(f) = \left\{ x \mid 0 < x < 4 \right\}$$

とする。

(1)　対数関数 $y = \log x$ は増加関数なので，$g(x)$ が最大となるときに $f(x)$ も最大となる。

　　ここで

$$g(x) = -\frac{1}{3}(x-2)^2 + \frac{4}{3}$$

であり，$f(x)$ は，$x = \boxed{2}$ のとき最大値 $\log\left(\dfrac{\boxed{4}}{\boxed{3}}\right)$ をとる。また，$f(x)$ を x で微分すると

$$f'(x) = \frac{g'(x)}{g(x)} = \frac{4-2x}{3} \cdot \frac{3}{x(4-x)} = \frac{\boxed{2}\left(\boxed{2}-x\right)}{x\left(\boxed{4}-x\right)}$$

である。よって，曲線 $y = f(x)$ 上の点 $(1,\ 0)$ における接線の方程式は

$$y = f'(1)(x-1) = \frac{\boxed{2}}{\boxed{3}}x - \frac{\boxed{2}}{\boxed{3}}$$

である。

(2)　曲線 $y = f(x)$ は図 1 のようになる。よって

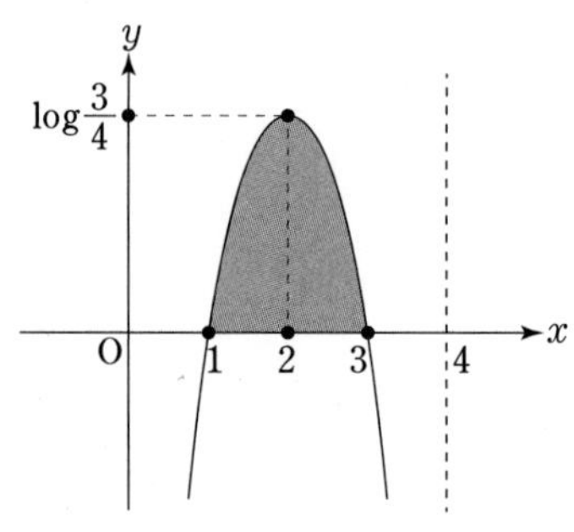

図 1

$$S = \int_{\boxed{1}}^{\boxed{3}} \log\left\{ \frac{x(4-x)}{3} \right\} dx$$

である。部分積分を行うと

$$\int_1^3 f(x)\,dx = \int_1^3 (x)' f(x)\,dx$$

$$= \left[xf(x) \right]_1^3 - \int_1^3 x\{f(x)\}'\,dx$$

である。よって，$f(1) = f(3) = 0$ と (1) より

$$\int_1^3 f(x)\,dx = \int_1^3 \frac{\boxed{2}\left(\boxed{2} - x\right)}{x - \boxed{4}}\,dx$$

である。ここで

$$\frac{2-x}{x-4} = \frac{-(x-4)-2}{x-4} = -1 - \frac{2}{x-4}$$

より

$$\int_1^3 \frac{2(2-x)}{x-4}\,dx = 2\int_1^3 \left(-1 - \frac{2}{x-4} \right) dx = 2\left[-x - 2\log|x-4| \right]_1^3$$

$$= 2(-3+1+2\log 3) = -4 + 4\log 3$$

である。したがって，求める面積は

$$S = \boxed{-4} + \boxed{4}\log 3$$

である。

解答

問 Q.		解答番号 row	正解 A.
Ⅰ	問1	AB	23
		CD	26
		EF	32
		GH	32
		IJ	63
		KL	23
	問2	MNOP	1260
		QRST	2940
		UVW	980
		XYZ	735
Ⅱ	問1	ABC	272
		D	2
		EF	46
		G	5
		HI	79
		J	5
		KLM	553
	問2	N	1
		O	2
		P	2
		Q	2
		R	1
		S	4
		TU	22
		VWX	244
		YZ	17
Ⅲ		AB	32
		C	3
		DEF	331
		G	0
		H	1
		IJK	332
		LMNOP	−2332
		QRSTU	23321
		V	1

問 Q.	解答番号 row	正解 A.
Ⅳ	AB	23
	CD	23
	EF	41
	G	6
	HI	34
	JK	64
	LMN	104
	OP	52
	Q	2
	RS	58
	TU	38
	VW	98

第3回

(1) $f(x)$ を平方完成すると

$$f(x) = 9x^2 - 12ax + 2a^2 + 6a - 6$$
$$= 9\left(x^2 - \frac{4}{3}ax\right) + 2a^2 + 6a - 6$$
$$= 9\left\{\left(x - \frac{2}{3}a\right)^2 - \frac{4}{9}a^2\right\} + 2a^2 + 6a - 6$$
$$= 9\left(x - \frac{2}{3}a\right)^2 - 2a^2 + 6a - 6$$

である。したがって，頂点 A の座標は

$$A\left(\frac{\boxed{2}}{\boxed{3}}a, \ -\boxed{2}a^2 + \boxed{6}a - 6\right)$$

である。

(2) 頂点 A の y 座標を p とおくと

$$p = -2a^2 + 6a - 6 = -2\left(a - \frac{3}{2}\right)^2 - \frac{3}{2}$$

である。したがって，p は，$a = \dfrac{\boxed{3}}{\boxed{2}}$ のとき最大値 $-\dfrac{\boxed{3}}{\boxed{2}}$ をとる。

(3) (2)の p を用いると，(1)より

$$f(x) = 9\left(x - \frac{2}{3}a\right)^2 + p$$

である。そこで，2次方程式 $f(x) = 0$ を解くと

$$\left(x - \frac{2}{3}a\right)^2 = -\frac{p}{9} \quad \therefore \quad x - \frac{2}{3}a = \pm\frac{\sqrt{-p}}{3} \quad \therefore \quad x = \frac{2}{3}a \pm \frac{\sqrt{-p}}{3}$$

である。よって，図1のように，線分 BC の長さ ℓ は

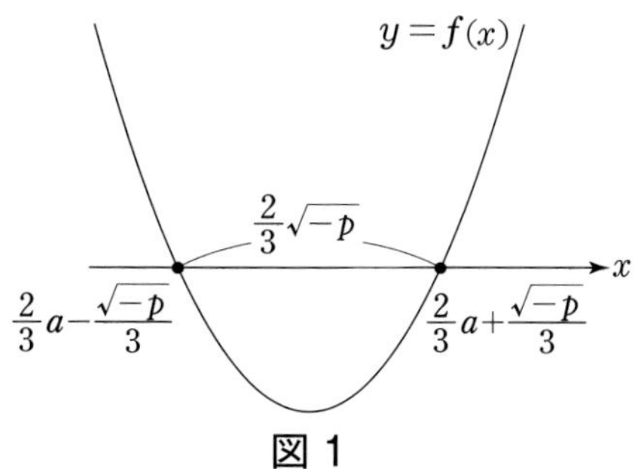

図 1

$$\ell = \left(\frac{2}{3}a + \frac{\sqrt{-p}}{3}\right) - \left(\frac{2}{3}a - \frac{\sqrt{-p}}{3}\right) = \frac{2}{3}\sqrt{-p}$$

である。ここで，(2) より

$$-p = 2a^2 - 6a + 6 = 2\left(a - \frac{3}{2}\right)^2 + \frac{3}{2}$$

である。よって，図2より，a が $0 \leqq a \leqq 2$ で動くとき，$-p$ は，$a = \dfrac{3}{2}$ のとき最小値 $\dfrac{3}{2}$ をとり，$a = 0$ のとき最大値 6 をとる。したがって，ℓ のとり得る値の範囲は

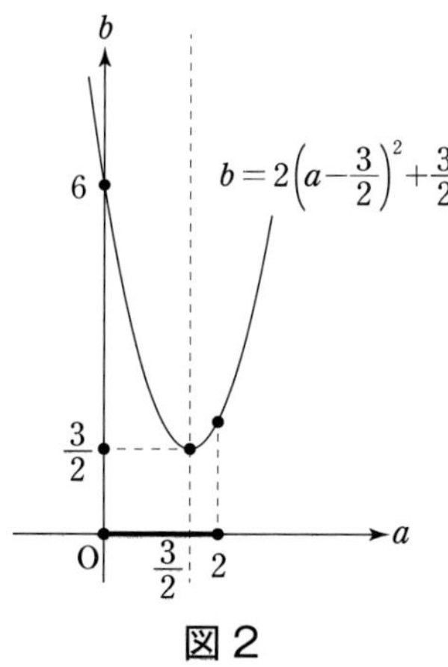

図 2

$$\frac{2}{3}\sqrt{\frac{3}{2}} \leqq \ell \leqq \frac{2}{3}\sqrt{6} \qquad \therefore \quad \frac{\sqrt{\boxed{6}}}{\boxed{3}} \leqq \ell \leqq \frac{\boxed{2}}{\boxed{3}}\sqrt{6}$$

である。

　　3個の0，3個の1，4個の2からなる10個の数について，これらを並べてできる10桁の整数全体からなる集合を U とする。U の中で，最高位が1となる整数全体の集合を A，10の倍数全体の集合を B，100の倍数全体の集合を C とする。

　　例えば，A の要素は以下のようにして作ることができる。ただし，① を最高位，⑩ を1の位としている。－の部分には，残った2個の1，3個の0，4個の2を並べる。

①	②	③	④	⑤	⑥	⑦	⑧	⑨	⑩
1	－	－	－	－	－	－	－	－	－

(1)　最高位が1である整数は，① に1を配置して，次に，残った2個の1，3個の0，4個の2を ② から ⑩ に配置すればよい。このとき，以下のような手順を考えれば良い。

Step1：　最初に，9個の場所から，1を入れる場所を2個選ぶ。これは，${}_9\mathrm{C}_2$ 通りの選び方がある。

Step2：　次に，残った7個の場所から，0を入れる場所を3個選ぶ。これは，${}_7\mathrm{C}_3$ 通りの選び方がある。

Step3：　最後に，残った4個の場所に2を入れる。これは，1通りの選び方しかない。

　　したがって，最高位が1である整数の個数 $n(A)$ は

$$n(A) = {}_9\mathrm{C}_2 \cdot {}_7\mathrm{C}_3 = \frac{9 \cdot 8}{2 \cdot 1} \cdot \frac{7 \cdot 6 \cdot 5}{3 \cdot 2 \cdot 1} = 36 \cdot 35 = \boxed{\textbf{1260}}$$

である。

　　次に，U に含まれる10桁の整数は，以下のような手順で作ることができる。

Step1：　最初に，② から ⑩ までの9個の場所から，0を入れる場所を3個選ぶ。これは，${}_9\mathrm{C}_3$ 通りの選び方がある。

Step2：　次に，① を加えた残りの7個の場所から，1を入れる場所を3個選ぶ。これは，${}_7\mathrm{C}_3$ 通りの選び方がある。

Step3：　最後に，残った4個の場所に2を入れる。これは，1通りの選び方しかない。

　　したがって，10桁の整数の個数 $n(U)$ は

$$n(U) = {}_9\mathrm{C}_3 \cdot {}_7\mathrm{C}_3 = \frac{9 \cdot 8 \cdot 7}{3 \cdot 2 \cdot 1} \cdot \frac{7 \cdot 6 \cdot 5}{3 \cdot 2 \cdot 1} = 84 \cdot 35 = \boxed{\textbf{2940}}$$

である。（注：最高位が2である整数の個数 ${}_9\mathrm{C}_3 \cdot {}_6\mathrm{C}_3 = 1680$ を求めて，$n(A)$ に加えてもよい。）

⑵ 10 の倍数を作るためには，最初に，⑩ に 0 を入れる。次に，② から ⑨ までの 8 個の場所から 0 を入れる場所を 2 個選び，その後、残りの 7 個の場所に 3 個の 1 と 4 個の 2 を入れればよい。よって，10 の倍数の個数 $n(B)$ は

$$n(B) = {}_8\mathrm{C}_2 \cdot {}_7\mathrm{C}_3 = \frac{8 \cdot 7}{2 \cdot 1} \cdot \frac{7 \cdot 6 \cdot 5}{3 \cdot 2 \cdot 1} = 28 \cdot 35 = \boxed{980}$$

である。

　さらに，100 の倍数を作るためには，最初に，⑨ と ⑩ に 0 を入れる。次に，② から ⑧ までの 7 個の場所から 0 を入れる場所を 1 個選び，その後、残りの 7 個の場所に 3 個の 1 と 4 個の 2 を入れればよい。よって，100 の倍数の個数 $n(C)$ は

$$n(C) = {}_7\mathrm{C}_1 \cdot {}_7\mathrm{C}_3 = 7 \cdot \frac{7 \cdot 6 \cdot 5}{3 \cdot 2 \cdot 1} = 7 \cdot 35 = 245$$

である。

　したがって，10 の倍数であるが 100 の倍数ではない整数の個数 $n(B \cap \overline{C})$ は，図1のように $C \subset B$ であることから

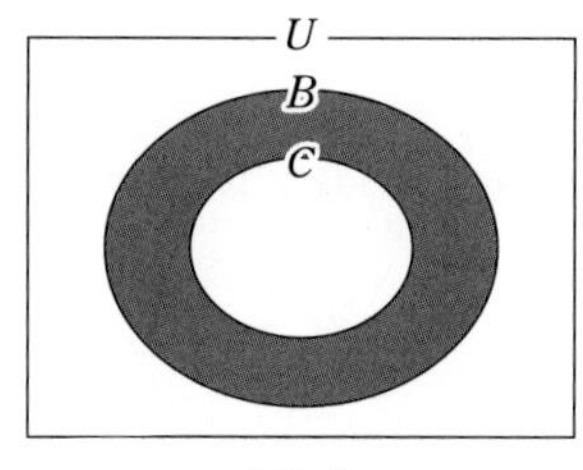

図 1

$$n(B \cap \overline{C}) = n(B) - n(C) = \boxed{735}$$

である。

$\overrightarrow{AB} = \vec{b} - \vec{a}$ より

$$|\overrightarrow{AB}|^2 = (\vec{b} - \vec{a}) \cdot (\vec{b} - \vec{a}) = |\vec{b}|^2 - 2\vec{a} \cdot \vec{b} + |\vec{a}|^2$$

$$\therefore \quad \vec{a} \cdot \vec{b} = \frac{|\vec{a}|^2 + |\vec{b}|^2 - |\overrightarrow{AB}|^2}{2} = \frac{4^2 + 6^2 - 5^2}{2} = \frac{\boxed{27}}{\boxed{2}}$$

である。また

$$\overrightarrow{OG} = \frac{\vec{a} + \vec{b}}{3}$$

であり，よって

$$\overrightarrow{GA} = \overrightarrow{OA} - \overrightarrow{OG} = \frac{\boxed{2}\,\vec{a} - \vec{b}}{3}$$

である。ここで

$$|2\vec{a} - \vec{b}|^2 = 4|\vec{a}|^2 - 4\vec{a} \cdot \vec{b} + |\vec{b}|^2 = 64 - 54 + 36 = 46$$

であり

$$|\overrightarrow{GA}| = \frac{|2\vec{a} - \vec{b}|}{3} = \frac{\sqrt{\boxed{46}}}{3}$$

である。

　また，G は重心であるので，C は線分 AB の中点である。よって，図1のように

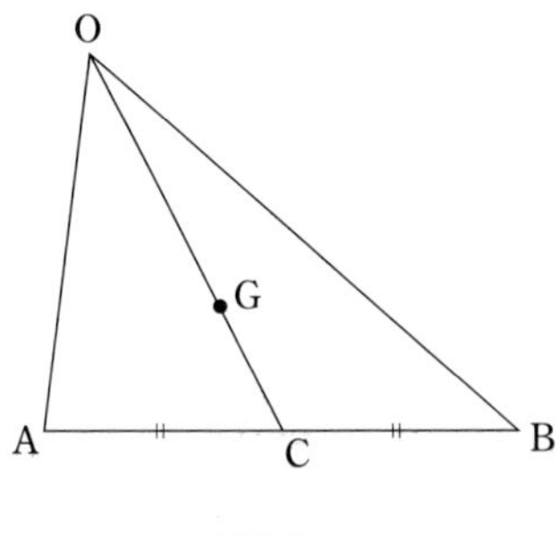

図 1

$$\overrightarrow{OC} = \frac{1}{2}(\vec{a} + \vec{b}) \quad \therefore \quad \overrightarrow{CO} = -\overrightarrow{OC} = -\frac{1}{2}(\vec{a} + \vec{b})$$

$$\overrightarrow{CA} = \overrightarrow{OA} - \overrightarrow{OC} = \frac{1}{2}(\vec{a} - \vec{b})$$

である。これより

$$\overrightarrow{\text{CO}} \cdot \overrightarrow{\text{CA}} = \frac{1}{4}\left(|\vec{b}|^2 - |\vec{a}|^2\right) = \boxed{5}$$

である。また

$$|\vec{a} + \vec{b}|^2 = |\vec{a}|^2 + 2\,\vec{a} \cdot \vec{b} + |\vec{b}|^2 = 16 + 27 + 36 = 79$$

より

$$|\overrightarrow{\text{CO}}| = \frac{1}{2}|\vec{a} + \vec{b}| = \frac{\sqrt{\boxed{79}}}{2}$$

である。さらに

$$|\overrightarrow{\text{CA}}| = \frac{|\overrightarrow{\text{AB}}|}{2} = \frac{\boxed{5}}{2}$$

である。したがって

$$\cos \angle \text{ACO} = \frac{\overrightarrow{\text{CO}} \cdot \overrightarrow{\text{CA}}}{|\overrightarrow{\text{CO}}||\overrightarrow{\text{CA}}|} = \frac{5}{\dfrac{\sqrt{79}}{2} \cdot \dfrac{5}{2}} = \frac{4}{\sqrt{79}}$$

より

$$\sin \angle \text{ACO} = \sqrt{1 - \cos^2 \angle \text{ACO}} = \sqrt{1 - \frac{16}{79}}$$

$$= \sqrt{\frac{63}{79}} = \frac{3\sqrt{7}}{\sqrt{79}} = \frac{3\sqrt{\boxed{553}}}{79}$$

である。

(1)　① より

$$\alpha\overline{\alpha}=|\alpha|^2=\boxed{1}\,,\quad \beta\overline{\beta}=|\beta|^2=\boxed{2}$$

である。② より

$$
\begin{aligned}
|\alpha-\beta|^2&=(\alpha-\beta)(\overline{\alpha-\beta})\\
&=(\alpha-\beta)(\overline{\alpha}-\overline{\beta})\\
&=\alpha\overline{\alpha}-(\alpha\overline{\beta}+\overline{\alpha}\beta)+\beta\overline{\beta}\qquad\cdots\cdots④
\end{aligned}
$$

であり，よって

$$1=1-(\alpha\overline{\beta}+\overline{\alpha}\beta)+2$$

$$\therefore\quad \alpha\overline{\beta}+\overline{\alpha}\beta=\boxed{2}\qquad\cdots\cdots③$$

である。ここで，複素数平面で2点 A(α)，B(β) を考えると，② より

$$
\begin{aligned}
|\overrightarrow{OA}-\overrightarrow{OB}|^2&=(\overrightarrow{OA}-\overrightarrow{OB})\cdot(\overrightarrow{OA}-\overrightarrow{OB})\\
&=|\overrightarrow{OA}|^2-2(\overrightarrow{OA}\cdot\overrightarrow{OB})+|\overrightarrow{OB}|^2\qquad\cdots\cdots⑤
\end{aligned}
$$

である。したがって，④，⑤ より

$$\overrightarrow{OA}\cdot\overrightarrow{OB}=\frac{\alpha\overline{\beta}+\overline{\alpha}\beta}{\boxed{2}}=\boxed{1}$$

である。さらに

$$\cos\angle AOB=\frac{\overrightarrow{OA}\cdot\overrightarrow{OB}}{|\overrightarrow{OA}||\overrightarrow{OB}|}=\frac{1}{\sqrt{2}}$$

より

$$\angle AOB=\frac{\pi}{\boxed{4}}$$

である。これより，図1のようになる。

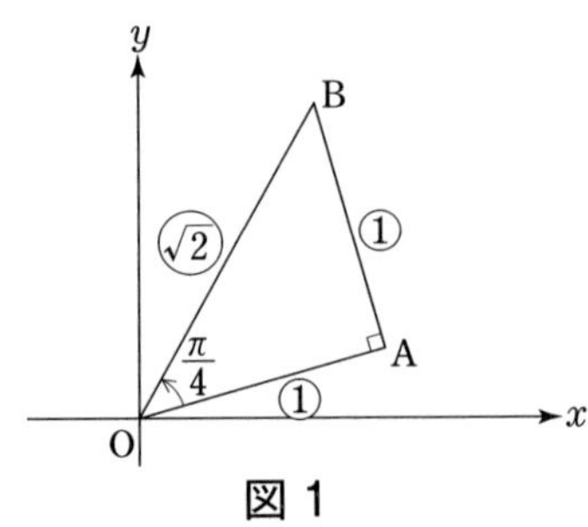

図 1

(2)　$\overline{\alpha}=\dfrac{1}{\alpha}$，$\overline{\beta}=\dfrac{2}{\beta}$ であり，③ より

$$\frac{2\alpha}{\beta}+\frac{\beta}{\alpha}=2 \quad \therefore \quad \left(\frac{\beta}{\alpha}\right)^2-\boxed{2}\left(\frac{\beta}{\alpha}\right)+\boxed{2}=0$$

である。この 2 次方程式を解くと

$$\frac{\beta}{\alpha}=1\pm i$$

$$=\sqrt{2}\left(\cos\frac{\pi}{4}+i\sin\frac{\pi}{4}\right)\text{または}\sqrt{2}\left\{\cos\left(-\frac{\pi}{4}\right)+i\sin\left(-\frac{\pi}{4}\right)\right\}$$

である。ここで，$0<\arg\alpha<\arg\beta<2\pi$ より

$$\frac{\beta}{\alpha}=1+i=\sqrt{\boxed{2}}\left(\cos\frac{\pi}{\boxed{4}}+i\sin\frac{\pi}{\boxed{4}}\right)$$

である。（注：図 1 より，三角形 OAB は直角二等辺三角形である。このことから，極形式を直接
求めてもよい。）

(3)　(2) より

$$\left(\frac{\beta}{\alpha}\right)^8=(\sqrt{2})^8\left\{\cos\left(\frac{\pi}{4}\cdot 8\right)+i\sin\left(\frac{\pi}{4}\cdot 8\right)\right\}$$

$$=16(\cos 2\pi+i\sin 2\pi)$$

$$=16$$

である。よって

$$|\alpha^8+\beta^8|=|\alpha|^8\left|1+\left(\frac{\beta}{\alpha}\right)^8\right|=1+16=\boxed{17}$$

である。

(1)　放物線 C が点 $\mathrm{C}(0,\ -t^2)$ を通ることより，C の方程式は

$$y = ax^2 + bx - t^2$$

とおける。C が点 $\mathrm{A}(t,\ t)$, $\mathrm{B}(-t,\ 5t)$ を通ることより

$$\begin{cases} at^2 + bt - t^2 = t \\ at^2 - bt - t^2 = 5t \end{cases} \quad \therefore \quad \begin{cases} at + b = t + 1 \\ at - b = t + 5 \end{cases}$$

となる。よって

$$a = \frac{t+3}{t},\ \ b = -2$$

であり，C の方程式は

$$y = \left(\frac{t + \boxed{3}}{t}\right)x^2 - \boxed{2}\,x - t^2$$

である。これより

$$y = \frac{t+3}{t}\left(x^2 - \frac{2t}{t+3}x\right) - t^2$$

$$= \frac{t+3}{t}\left(x - \frac{t}{t+3}\right)^2 - \frac{t}{t+3} - t^2$$

$$= \frac{t+3}{t}\left(x - \frac{t}{t+3}\right)^2 - \frac{t+3-3}{t+3} - t^2$$

$$= \frac{t+3}{t}\left(x - \frac{t}{t+3}\right)^2 - t^2 + \frac{3}{t+3} - 1$$

である。したがって，頂点 P の座標は

$$\mathrm{P}\left(\frac{t}{t+\boxed{3}},\ -t^2 + \frac{\boxed{3}}{t+\boxed{3}} - \boxed{1}\right)$$

である。

(2)　$t > 0$ の範囲で t を動かすと

$$x = \frac{t}{t+3} = 1 - \frac{3}{t+3}$$

より，x のとり得る値の範囲は

$$\boxed{0} < x < \boxed{1}$$

である。また，x を t で微分すると

$$\frac{dx}{dt} = \frac{\boxed{3}}{\left(t + \boxed{3}\right)^{\boxed{2}}}$$

である。また

$$y = -t^2 + \frac{3}{t+3} - 1$$

を t で微分すると

$$\frac{dy}{dt} = \boxed{-2}\,t - \frac{\boxed{3}}{\left(t + \boxed{3}\right)^{\boxed{2}}}$$

である。よって

$$\frac{dy}{dx} = \frac{\left(\dfrac{dy}{dt}\right)}{\left(\dfrac{dx}{dt}\right)} = -\frac{\boxed{2}}{\boxed{3}}\,t\left(t + \boxed{3}\right)^{\boxed{2}} - \boxed{1}$$

である。ここで，$t \to \infty$ とすると

$$x \to 1-0, \quad y \to -\infty$$

であり，したがって，点 P が描く曲線は漸近線 $x = \boxed{1}$ を持つ。

$\boxed{\textbf{補 足}}$　t を消去して，x と y の式を求めると

$$y = -\frac{9x^2}{(x-1)^2} - x \quad (0 < x < 1)$$

となる。これが点 P$(x,\ y)$ の軌跡の方程式であるが，(2)を解くためには，この式を導く必要はない。

(1)　$f(x)$ を x で微分すると

$$f'(x) = 2\cos 2x - \frac{3}{4} \cdot \frac{1}{\cos^2 x}$$

$$= 2(2\cos^2 x - 1) - \frac{3}{4\cos^2 x}$$

$$= \frac{16\cos^4 x - 8\cos^2 x - 3}{4\cos^2 x}$$

$$= \frac{(4\cos^2 x - 3)(4\cos^2 x + 1)}{4\cos^2 x}$$

$$= \frac{\left(\boxed{2}\cos x + \sqrt{\boxed{3}}\right)\left(\boxed{2}\cos x - \sqrt{\boxed{3}}\right)\left(\boxed{4}\cos^2 x + \boxed{1}\right)}{4\cos^2 x}$$

である。$0 \leqq x < \dfrac{\pi}{2}$ において

$$2\cos x + \sqrt{3} > 0, \quad 4\cos^2 x + 1 > 0, \quad 4\cos^2 x > 0$$

であるので，$f'(x)$ の正負は $2\cos x - \sqrt{3}$ の正負と同じである。よって，$f(x)$ の増減は以下のようになる。

x	0	$\cdots\cdots$	$\dfrac{\pi}{6}$	$\cdots\cdots$	$\left(\dfrac{\pi}{2}\right)$
$f'(x)$	$+$	$+$	0	$-$	
$f(x)$	0	$\nearrow$	極大	$\searrow$	$-\infty$

また

$$f\left(\frac{\pi}{6}\right) = \sin\frac{\pi}{3} - \frac{3}{4}\tan\frac{\pi}{6} = \frac{\sqrt{3}}{2} - \frac{\sqrt{3}}{4} = \frac{\sqrt{3}}{4}$$

より，$0 \leqq x < \dfrac{\pi}{2}$ の範囲では，関数 $f(x)$ は $x = \dfrac{\pi}{\boxed{6}}$ で極大値 $\dfrac{\sqrt{\boxed{3}}}{\boxed{4}}$ をとり，極小値は持たない。

(2) 曲線 $y = f(x)$ は図 1 のようになる。$x = \alpha$ のとき，$\sin\alpha > 0$，$\cos\alpha >$ であり

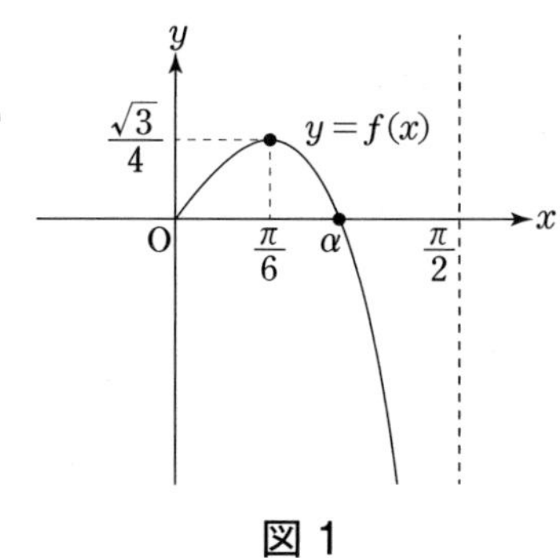

$$\boxed{\text{図 1}}$$

$$f(\alpha) = 2\sin\alpha\cos\alpha - \frac{3}{4}\frac{\sin\alpha}{\cos\alpha} = 0$$

より

$$\cos^2\alpha = \frac{3}{8} \qquad \therefore \quad \cos\alpha = \frac{\sqrt{\boxed{6}}}{\boxed{4}}, \quad \sin\alpha = \frac{\sqrt{\boxed{10}}}{\boxed{4}}$$

である。よって，点 A における接線の傾きは

$$f'(\alpha) = \frac{\left(4 \cdot \dfrac{3}{8} - 3\right)\left(4 \cdot \dfrac{3}{8} + 1\right)}{\left(4 \cdot \dfrac{3}{8}\right)} = -\frac{\boxed{5}}{\boxed{2}}$$

である。

(3) $u = \cos x$ とおくと，$du = (-\sin x)\,dx$ であり

$$\int_0^{\frac{\pi}{4}} \tan x\,dx = \int_1^{\frac{1}{\sqrt{2}}}\left(-\frac{1}{u}\right)du = \int_{\frac{1}{\sqrt{2}}}^1 \frac{1}{u}\,du$$

$$= \Big[\log|u|\Big]_{\frac{1}{\sqrt{2}}}^1 = \log\sqrt{\boxed{2}}$$

である。特に，$\tan x$ の原始関数は

$$\int \tan x\,dx = \log|\cos x| + C \quad (C \text{ は定数})$$

である。

(4)　曲線 $y=f(x)$ と x 軸で囲まれる図形の面積 S は

$$S=\int_0^\alpha\left(\sin 2x-\frac{3}{4}\tan x\right)dx$$

$$=\left[-\frac{1}{2}\cos 2x+\frac{3}{4}\log|\cos x|\right]_0^\alpha$$

$$=-\frac{1}{2}\cos 2\alpha+\frac{1}{2}+\frac{3}{4}\log|\cos\alpha|$$

である。よって，(2)より

$$\cos 2\alpha=2\cos^2\alpha-1=\frac{3}{4}-1=-\frac{1}{4}$$

より

$$S=\frac{1}{8}+\frac{1}{2}+\frac{3}{4}\log\left(\frac{\sqrt6}{4}\right)=\frac{5}{8}+\frac{3}{4}\log\left(\frac{\sqrt6}{4}\right)$$

である。ここで

$$\left(\frac{\sqrt6}{4}\right)=\sqrt3\cdot\left(\frac{\sqrt2}{2^2}\right)=3^{\frac{1}{2}}\cdot 2^{-\frac{3}{2}}$$

であり，したがって

$$S=\cfrac{\boxed{5}}{\boxed{8}}+\cfrac{\boxed{3}}{\boxed{8}}\log 3-\cfrac{\boxed{9}}{\boxed{8}}\log 2$$

である。

解答

問 Q.		解答番号 row	正解 A.
I	問1	A	0
		B	4
		C	3
		DEF	277
		G	4
		HI	56
		JK	56
		LM	14
	問2	NO	49
		PQ	49
		R	0
		STUV	2581
		WXYZ	4004
II	問1	ABC	241
		D	5
		EF	12
		G	9
		H	4
		IJ	32
		K	8
		LM	12
	問2	NO	24
		PQ	26
		RS	26
		TU	22
		VW	22
		XY	32
III		A	0
		BCDE	2104
		F	1
		G	1
		HI	47
		JK	46
		LM	44
		N	0

問 Q.	解答番号 row	正解 A.
IV	A	0
	B	0
	CDEF	2322
	GH	-2
	IJ	24
	K	3
	LMNO	-3-6
	PQRSTU	422112
	V	2

第4回

(1) 放物線 $C : y = ax^2 + bx + c$ が点 $\mathrm{O}(0,\ 0)$ を通ることから

$$c = \boxed{0}$$

である。さらに，点 $\mathrm{A}(4t,\ 4t)$ を通ることから

$$16t^2a + 4tb = 4t \qquad \therefore \quad \boxed{4}\,ta + b = 1 \qquad \cdots\cdots①$$

であり，点 $\mathrm{B}(-3t,\ 3t)$ を通ることから

$$9t^2a - 3tb = 3t \qquad \therefore \quad \boxed{3}\,ta - b = 1 \qquad \cdots\cdots②$$

である。ここで，①＋② より

$$7ta = 2 \qquad \therefore \quad a = \frac{2}{7t}$$

であり，① に代入すると

$$\frac{8}{7} + b = 1 \qquad \therefore \quad b = -\frac{1}{7}$$

である。したがって，C の方程式は

$$y = \left(\frac{\boxed{2}}{\boxed{7}\,t}\right)x^2 - \frac{1}{\boxed{7}}x$$

$$= \frac{2}{7t}\left(x^2 - \frac{t}{2}x\right)$$

$$= \frac{2}{7t}\left(x - \frac{t}{4}\right)^2 - \frac{t}{56}$$

であり，頂点 C の座標は

$$\mathrm{C}\left(\frac{1}{\boxed{4}}\,t,\ -\frac{1}{\boxed{56}}\,t\right)$$

である。

(2) C の方程式より

$$y = \frac{2}{7t}x\left(x - \frac{t}{2}\right)$$

であり，D の座標は

$$\mathrm{D}\left(\frac{t}{2},\ 0\right)$$

である。よって，図 1 より，三角形 OCD の面積 $\triangle$OCD は

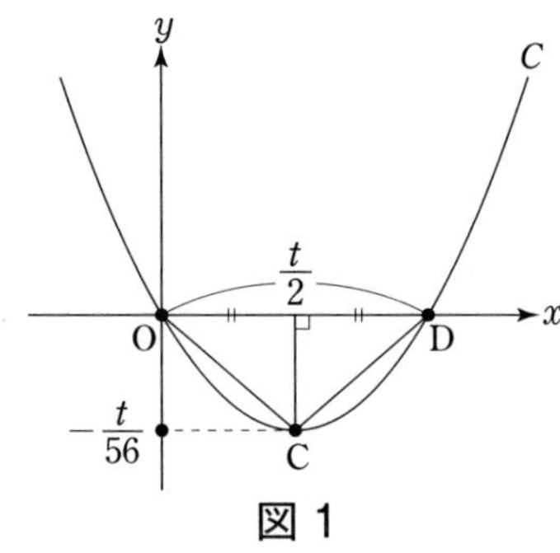

$$\triangle\mathrm{OCD} = \frac{1}{2}\cdot\frac{t}{2}\cdot\frac{t}{56} = \frac{t^2}{224}$$

である。したがって，t が $2 \leqq t \leqq 4$ の範囲で動くとき，$4 \leqq t^2 \leqq 16$ より，求める $\triangle$OCD のとり得る値の範囲は

$$\frac{1}{\boxed{56}} \leqq \triangle\mathrm{OCD} \leqq \frac{1}{\boxed{14}}$$

である。

状態 n のとき，A さんの袋には赤い球 n 個，白い球 $(3-n)$ 個が入っていて，B さんの袋には赤い球 $(3-n)$ 個，白い球 n 個が入っている。

(1)　試行を 1 回行って，A さんと B さんがともに赤い球を取り出す確率は $\dfrac{2}{3}\cdot\dfrac{1}{3}=\dfrac{2}{9}$ であり，A さんと B さんがともに白い球を取り出す確率は $\dfrac{1}{3}\cdot\dfrac{2}{3}=\dfrac{2}{9}$ である。よって，同じ色の球を取り出す確率は

$$\frac{2}{9}+\frac{2}{9}=\boxed{\dfrac{4}{9}}$$

である。このとき，状態 2 から再び状態 2 になる。

(2)　A さんが赤い球，B さんが白い球を取り出すとき，状態 2 から状態 1 に移る。よって，この確率は

$$\frac{2}{3}\cdot\frac{2}{3}=\boxed{\dfrac{4}{9}}$$

である。また，1 回の試行で状態 2 から状態 0 に移ることはできないので，この確率は $\boxed{0}$ である。さらに，各状態から各状態へ移る確率は，図1 のように表すことができる。

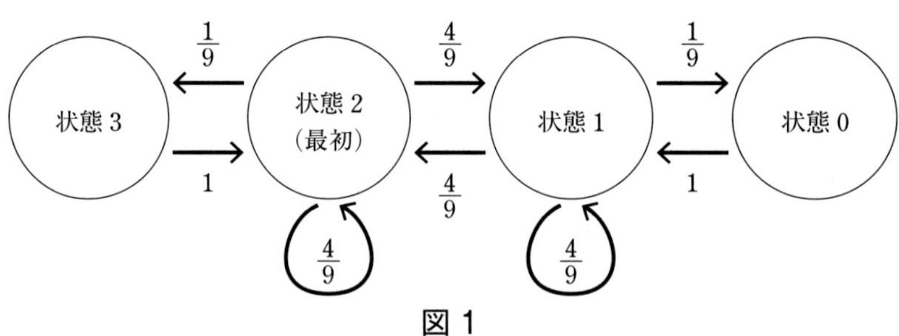

図 1

(3) 1回目の試行後に別の状態に移り，かつ，2回目の試行後に状態2に戻るのは以下のような場合である。

（i） 状態2→状態1→状態2と変化するとき，この確率は

$$\frac{4}{9} \cdot \frac{4}{9} = \frac{16}{81}$$

である。

（ii） 状態2→状態3→状態2と変化するとき，この確率は

$$\frac{1}{9} \cdot 1 = \frac{1}{9}$$

である。

したがって，求める確率は

$$\frac{16}{81} + \frac{1}{9} = \boxed{\frac{25}{81}}$$

である。

(4) 1回目の試行後に別の状態に移り，かつ，その後、途中で状態2を経由することなく、4回目の試行後に初めて状態2に戻るのは以下のような場合である。

（i） 状態2→状態1→状態0→状態1→状態2と変化するとき，この確率は

$$\frac{4}{9} \cdot \frac{1}{9} \cdot 1 \cdot \frac{4}{9} = \frac{16}{9^3}$$

である。

（ii） 状態2→状態1→状態1→状態1→状態2と変化するとき，この確率は

$$\frac{4}{9} \cdot \frac{4}{9} \cdot \frac{4}{9} \cdot \frac{4}{9} = \frac{256}{9^4}$$

である。

したがって，求める確率は

$$\frac{16}{9^3} + \frac{256}{9^4} = \boxed{\frac{400}{9^4}}$$

である。

内積 I は

$$\overrightarrow{AB} = \overrightarrow{OB} - \overrightarrow{OA} = (\cos\beta,\ \sin\beta) - (1,\ 0) = (\cos\beta - 1,\ \sin\beta)$$

$$\overrightarrow{AC} = \overrightarrow{OC} - \overrightarrow{OA} = (\cos\theta,\ \sin\theta) - (1,\ 0) = (\cos\theta - 1,\ \sin\theta)$$

より

$$I = (\cos\beta - 1)(\cos\theta - 1) + \sin\beta\sin\theta$$

である。

(1)　$\beta = \dfrac{\pi}{2}$ のとき

$$I = -(\cos\theta - 1) + \sin\theta = \sin\theta - \cos\theta + 1$$

である。ここで，図1より

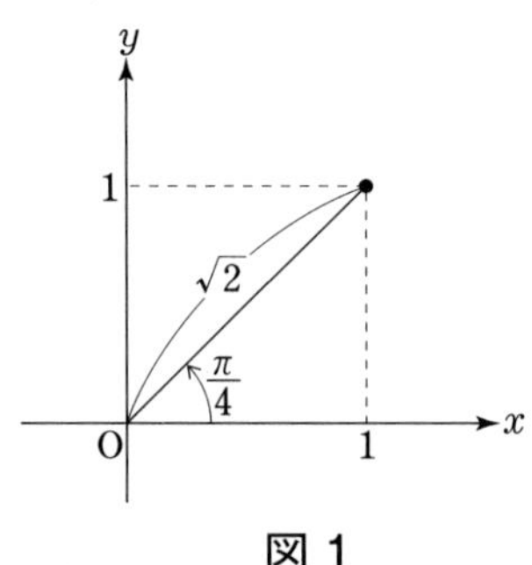

図 1

$$(1,\ 1) = \left(\sqrt{2}\cos\frac{\pi}{4},\ \sqrt{2}\sin\frac{\pi}{4} \right)$$

であり，よって

$$I = \sin\theta\left(\sqrt{2}\cos\frac{\pi}{4} \right) - \cos\theta\left(\sqrt{2}\sin\frac{\pi}{4} \right) + 1$$

$$= \sqrt{2}\left(\sin\theta\cos\frac{\pi}{4} - \cos\theta\sin\frac{\pi}{4} \right) + 1$$

$$= \sqrt{\boxed{2}}\,\sin\left(\theta - \frac{\pi}{\boxed{4}} \right) + \boxed{1}$$

である。したがって，$\sin\left(\theta - \dfrac{\pi}{4} \right)$ が最大値，最小値をとるときに注意すると，I は

$$\theta = \boxed{\dfrac{3}{4}\pi \cdots\cdots ⑤} \quad \text{のとき, 最大値} \quad \boxed{1} + \sqrt{\boxed{2}},$$

$$\theta = \boxed{\dfrac{7}{4}\pi \cdots\cdots ⑨} \quad \text{のとき, 最小値} \quad 1 - \sqrt{2}$$

をとる。

(2) $\beta = \dfrac{\pi}{3}$ のとき, I は

$$I = -\dfrac{1}{2}(\cos\theta - 1) + \dfrac{\sqrt{3}}{2}\sin\theta = \dfrac{\sqrt{3}}{2}\sin\theta - \dfrac{1}{2}\cos\theta + \dfrac{1}{2}$$

である。ここで, 図2より

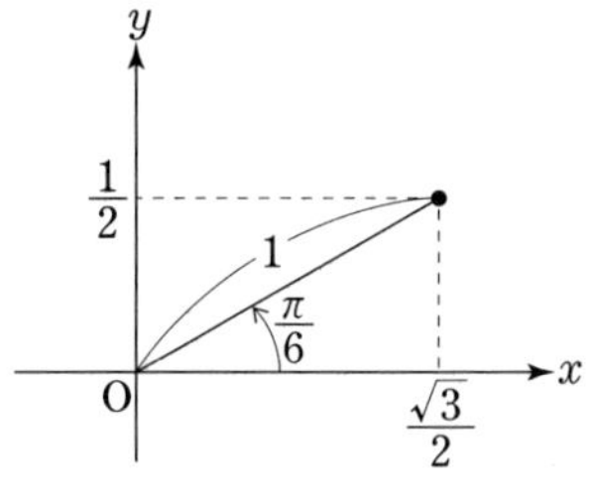

図2

$$\left(\dfrac{\sqrt{3}}{2},\ \dfrac{1}{2}\right) = \left(\cos\dfrac{\pi}{6},\ \sin\dfrac{\pi}{6}\right)$$

であり, よって

$$I = \sin\theta\cos\dfrac{\pi}{6} - \cos\theta\sin\dfrac{\pi}{6} + \dfrac{1}{2}$$

$$= \sin\left(\theta - \dfrac{\pi}{6}\right) + \dfrac{1}{2}$$

である。したがって, $\sin\left(\theta - \dfrac{\pi}{6}\right)$ が最大値, 最小値をとるときに注意すると, I は

$$\theta = \boxed{\dfrac{2}{3}\pi \cdots\cdots ④} \quad \text{のとき, 最大値} \quad \boxed{\dfrac{3}{2}},$$

$$\theta = \boxed{\dfrac{5}{3}\pi \cdots\cdots ⑧} \quad \text{のとき, 最小値} \quad -\boxed{\dfrac{1}{2}}$$

をとる。

(1) z が実数のとき，① より

$$z^2-(a+bi)z+24i=0 \qquad \therefore \quad z(z-a)-(bz-24)i=0$$

である。よって

$$z(z-a)=0 \quad かつ \quad bz-24=0$$

となるが，$z=0$ のとき，① は成立しないので

$$z=a \qquad \therefore \quad ab=\boxed{24}$$

である。ここで

$$|\alpha|^2=a^2+b^2=a^2+\frac{24^2}{a^2}\geqq 2\sqrt{a^2\cdot\frac{24^2}{a^2}}=48$$

であり，この等号が成立する条件は

$$a^2=\frac{24^2}{a^2} \qquad \therefore \quad a^2=24 \qquad \therefore \quad a=b=2\sqrt{6}$$

であり，このとき，$|\alpha|$ は最小となる。このとき，① は

$$z^2-(2\sqrt{6}+2\sqrt{6}i)z+24i=0$$

であり，実数解は $z=a=2\sqrt{6}$ であるので，もう1つの解は

$$\frac{24i}{2\sqrt{6}}=2\sqrt{6}i$$

である。したがって，① の右辺は

$$(z-2\sqrt{6})(z-2\sqrt{6}i)=0$$

と因数分解できて，① の解は

$$z=\boxed{2}\sqrt{\boxed{6}}, \quad \boxed{2}\sqrt{\boxed{6}}i$$

となる。

(2) 絶対値が4である虚数解を

$$z=4(\cos\theta+i\sin\theta) \quad (0\leqq\theta<2\pi)$$

とする。このとき，① より

$$\alpha = z + \frac{24i}{z}$$
$$= 4(\cos\theta + i\sin\theta) + \frac{24i}{4(\cos\theta + i\sin\theta)}$$
$$= 4(\cos\theta + i\sin\theta) + 6i(\cos\theta - i\sin\theta)$$
$$= 4\cos\theta + 6\sin\theta + i(6\cos\theta + 4\sin\theta)$$

である。よって

$$|\alpha|^2 = (4\cos\theta + 6\sin\theta)^2 + (6\cos\theta + 4\sin\theta)^2$$
$$= 52\cos^2\theta + 96\cos\theta\sin\theta + 52\sin^2\theta$$
$$= 52 + 48\sin 2\theta$$

であり，$\sin 2\theta = -1$ のとき，すなわち

$$2\theta = \frac{3}{2}\pi, \ \frac{7}{2}\pi \qquad \therefore \quad \theta = \frac{3}{4}\pi, \ \frac{7}{4}\pi$$

のとき，$|\alpha|$ が最小となる。このうち，α の実数成分が正になるのは，$\theta = \dfrac{3}{4}\pi$ のときである。このとき

$$\alpha = 4\left(-\frac{\sqrt{2}}{2}\right) + 6\cdot\frac{\sqrt{2}}{2} + i\left\{6\left(-\frac{\sqrt{2}}{2}\right) + 4\cdot\frac{\sqrt{2}}{2}\right\}$$
$$= \sqrt{\boxed{2}} - \sqrt{\boxed{2}}\,i$$

であり，① は

$$z^2 - \left(\sqrt{2} - \sqrt{2}\,i\right)z + 24i = 0$$

となる。ここで，一方の解が

$$z = 4\left(-\frac{\sqrt{2}}{2} + \frac{\sqrt{2}}{2}i\right) = -2\sqrt{2} + 2\sqrt{2}\,i$$

であり，もう 1 つの解は

$$\frac{24i}{-2\sqrt{2} + 2\sqrt{2}\,i} = 3\sqrt{2} - 3\sqrt{2}\,i$$

である。したがって，① の右辺は

$$\left(z + 2\sqrt{2} - 2\sqrt{2}\,i\right)\left(z - 3\sqrt{2} + 3\sqrt{2}\,i\right) = 0$$

と因数分解できて，① の解は

$$z = \boxed{2}\sqrt{\boxed{2}}\,(-1+i), \quad \boxed{3}\sqrt{\boxed{2}}\,(1-i)$$

となる。

　(1)を解きながら，連続性や微分可能性の定義を確認しておこう。

(1)　極限値を計算すると

$$\lim_{x\to 0}\frac{\sin^2 x}{x}=\left(\lim_{x\to 0}\frac{\sin x}{x}\right)\left(\lim_{x\to 0}\sin x\right)=1\cdot 0=\boxed{\textbf{0}}$$

であり，関数 $f(x)$ は $x=0$ において連続である。また，$x\neq 0$ において $f(x)$ を微分すると

$$f'(x)=\frac{(\sin^2 x)'x-\sin^2 x(x)'}{x^2}$$

$$=\frac{(2\sin x\cos x)x-\sin^2 x\cdot 1}{x^2}$$

$$=\frac{\boxed{\textbf{2}}\,x\,\boxed{\sin x\cos x\cdots\cdots①}-\boxed{\sin^2 x\cdots\cdots⓪}}{\boxed{x^2\cdots\cdots④}}$$

である。次に，定義に基づいて $x=0$ における微分係数を求めると

$$f'(0)=\lim_{x\to 0}\frac{f(x)-f(0)}{x}=\lim_{x\to 0}\frac{\dfrac{\sin^2 x}{x}-0}{x}=\lim_{x\to 0}\left(\frac{\sin x}{x}\right)^2$$

$$=\left(\lim_{x\to 0}\frac{\sin x}{x}\right)^2=1^2=\boxed{\textbf{1}}$$

であり，極限値が存在することから，関数 $f(x)$ は $x=0$ において微分可能である。

　また

$$\lim_{x\to 0}f'(x)=\lim_{x\to 0}\left\{2\cdot\frac{\sin x}{x}\cdot\cos x-\left(\frac{\sin x}{x}\right)^2\right\}=2\cdot 1\cdot 1-1^2=\boxed{\textbf{1}}$$

である。この値は $f'(0)$ に等しいので，導関数 $f'(x)$ は $x=0$ において連続である。

(2)　$g(x)=\dfrac{1}{x}$ とおくと，$0<x\leqq\pi$ において $f(x)=g(x)$ となるのは

$$\frac{\sin^2 x}{x}=\frac{1}{x}\qquad\therefore\quad \sin^2 x=1$$

より，$x=\dfrac{\pi}{2}$ のときである。ここで

$$g'(x)=-\frac{1}{x^2}$$

であり

$$f'\left(\frac{\pi}{2}\right)=g'\left(\frac{\pi}{2}\right)=-\frac{4}{\pi^2}$$

である。よって，2曲線 $y=f(x)$ と $y=g(x)$ は，$x=\dfrac{\pi}{2}$ のときに共通の接線 ℓ を持ち，その方程式は

$$y=g'\left(\frac{\pi}{2}\right)\left(x-\frac{\pi}{2}\right)+g\left(\frac{\pi}{2}\right)$$

$$=-\frac{\boxed{4}}{\boxed{\pi^2\cdots\cdots⑦}}x+\frac{\boxed{4}}{\boxed{\pi\cdots\cdots⑥}}$$

である。

(3) $0<x\leqq\pi$ かつ $x\neq\dfrac{\pi}{2}$ のとき

$$f'(x)=\frac{2x\sin x\cos x-\sin^2 x}{x^2}=\frac{\sin x\cos x}{x^2}(2x-\tan x)$$

である。ここで，図1のように，$0<x\leqq\pi$ において曲線 $y=\tan x$ と直線 $y=2x$ は1点で交わる。この x 座標を α とすると

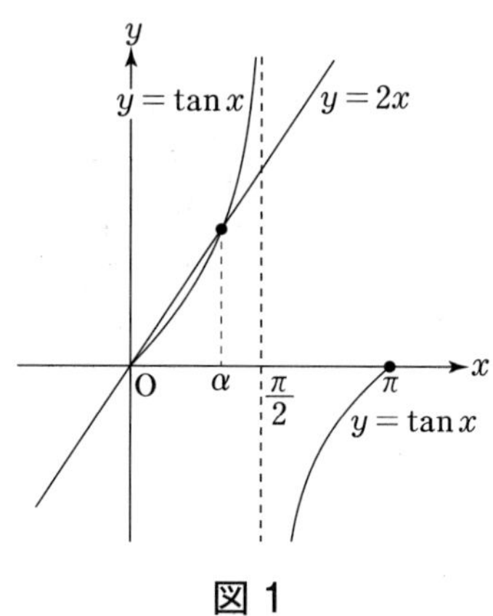

図 1

$$0 < x < \alpha \quad \text{のとき} \quad 2x > \tan x \qquad \therefore \quad f'(x) > 0$$

$$x = \alpha \qquad \text{のとき} \quad 2x = \tan x \qquad \therefore \quad f'(x) = 0$$

$$\alpha < x < \frac{\pi}{2} \quad \text{のとき} \quad 2x < \tan x \qquad \therefore \quad f'(x) < 0$$

$$\frac{\pi}{2} \leqq \pi \quad \text{のとき} \quad 2x > \tan x \qquad \therefore \quad f'(x) < 0 \quad (\text{注意：} \cos x < 0 \text{ である。})$$

となる。また，(1)より，$f'\left(\dfrac{\pi}{2}\right) = -\dfrac{4}{\pi^2}$である。よって，$0 \leqq x \leqq \pi$における $f(x)$ の増減は次のようになり，曲線 $y = f(x)$ は図 2 のようになる。

x	0	$\cdots\cdots$	α	$\cdots\cdots$	$\dfrac{\pi}{2}$	$\cdots\cdots$	π
$f'(x)$	1	$+$	0	$-$	$-$	$-$	0
$f(x)$	0	$\nearrow$	極大	$\searrow$	$\searrow$	$\searrow$	0

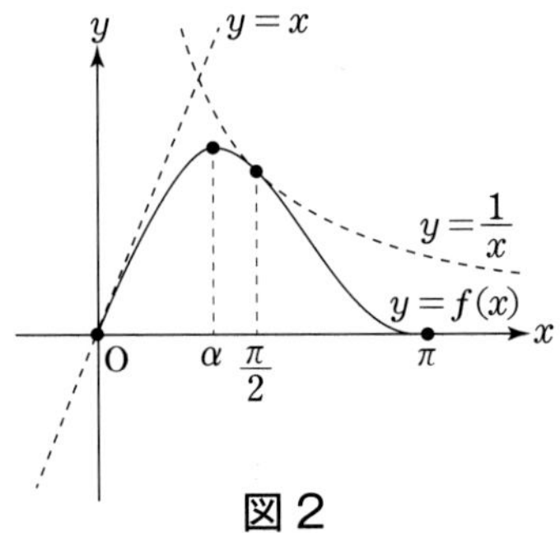

図 2

さらに，$\tan \alpha = 2\alpha$ のとき

$$\cos^2\alpha = \frac{1}{1 + \tan^2\alpha} = \frac{1}{1 + 4\alpha^2}, \quad \sin^2\alpha = 1 - \cos^2\alpha = \frac{4\alpha^2}{1 + 4\alpha^2}$$

であり，$f(x)$ の極大値は

$$f(\alpha) = \frac{\sin^2\alpha}{\alpha} = \frac{\boxed{4}\,\alpha}{1 + \boxed{4}\,\alpha^2} = \frac{4}{4\alpha + \dfrac{1}{\alpha}}$$

である。ここで

$$4\alpha + \frac{1}{\alpha} \geqq 2\sqrt{4\alpha \cdot \frac{1}{\alpha}} = 4$$

である。等号は

$$4\alpha = \frac{1}{\alpha} \qquad \therefore \quad \alpha = \frac{1}{2}$$

のとき成立するが，$\tan\dfrac{1}{2} \neq 1$ であるので，等号は満たさない。したがって

$$f(\alpha) = \frac{4}{4\alpha + \dfrac{1}{\alpha}} < 1 \qquad \therefore \quad 0 < f(\alpha) < 1$$

であり，$f(\alpha)$ の整数部分は $\boxed{0}$ である。

極限値の式

$$\lim_{x \to \infty} \frac{\log x}{x} = 0$$

において，$t = \log x$ とおくと $x = e^t$ であり，$x \to \infty$ のとき $t \to \infty$ であるので

$$\lim_{x \to \infty} \frac{\log x}{x} = \lim_{t \to \infty} \frac{t}{e^t} = 0$$

である。

(1) 上記の公式より

$$\lim_{x \to \infty} f(x) = \lim_{x \to \infty} \left\{ \frac{6}{e^{2x}} - \left(\frac{x}{e^x} \right)^2 \right\} = \lim_{x \to \infty} \frac{6}{e^{2x}} - \left(\lim_{x \to \infty} \frac{x}{e^x} \right)^2 = \boxed{0}$$

である。これより，曲線 $y = f(x)$ は漸近線 $y = \boxed{0}$ を持つ。

(2) $f(x)$ の導関数は

$$
\begin{aligned}
f'(x) &= (6 - x^2)' e^{-2x} + (6 - x^2)(e^{-2x})' \\
&= -2x e^{-2x} + (6 - x^2)(-2 e^{-2x}) \\
&= 2(x^2 - x - 6) e^{-2x} \\
&= \boxed{2} \left(x - \boxed{3} \right) \left(x + \boxed{2} \right) e^{-\boxed{2}x}
\end{aligned}
$$

である。よって，$f(x)$ の増減は次のようになる。

x	……	-2	……	3	……
$f'(x)$	$+$	0	$-$	0	$+$
$f(x)$	↗	極大	↘	極小	↗

また

$$f(-2) = 2e^4, \quad f(3) = -3e^{-6}$$

となる。したがって，関数 $f(x)$ は，$x = \boxed{-2}$ において極大値 $\boxed{2}\,e^{\boxed{4}}$ をとり，$x = \boxed{3}$ において極小値 $\boxed{-3}\,e^{\boxed{-6}}$ をとる。曲線 $y = f(x)$ は図1のようになる。

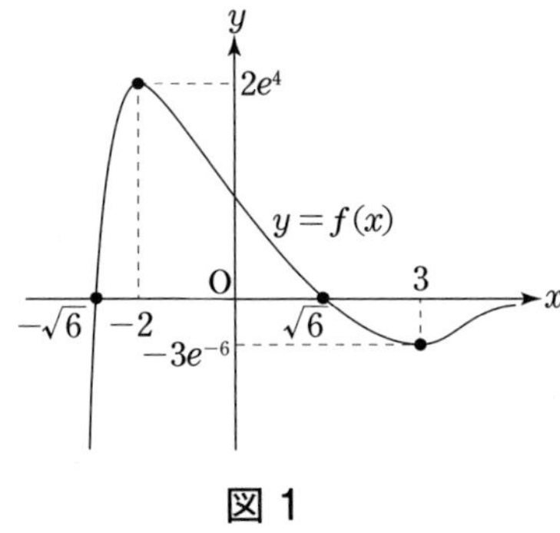

図 1

(3)　部分積分を行うと

$$\int f(x)\,dx = \int (6-x^2)\left(-\frac{1}{2}e^{-2x}\right)'dx$$

$$= (6-x^2)\left(-\frac{1}{2}e^{-2x}\right) - \int (6-x^2)'\left(-\frac{1}{2}e^{-2x}\right)dx$$

$$= (6-x^2)\left(-\frac{1}{2}e^{-2x}\right) - \int (-2x)\left(-\frac{1}{2}e^{-2x}\right)dx$$

$$= -\frac{1}{2}e^{-2x}(6-x^2) - \int xe^{-2x}\,dx$$

である。再び部分積分を行うと

$$\int xe^{-2x}\,dx = \int x\left(-\frac{1}{2}e^{-2x}\right)'dx$$

$$= x\left(-\frac{1}{2}e^{-2x}\right) - \int (x)'\left(-\frac{1}{2}e^{-2x}\right)dx$$

$$= -\frac{1}{2}e^{-2x}x + \frac{1}{2}\int e^{-2x}\,dx$$

$$= -\frac{1}{2}e^{-2x}x - \frac{1}{4}e^{-2x} + C \quad (C \text{ は定数})$$

であり，$f(x)$ の原始関数は

$$\int f(x)\,dx = -\frac{1}{2}e^{-2x}(6-x^2) + \frac{1}{2}e^{-2x}x + \frac{1}{4}e^{-2x} + C$$

$$= \frac{1}{4}(-12 + 2x^2 + 2x + 1)e^{-2x} + C$$

$$= \frac{1}{\boxed{4}}\left(\boxed{2}x^2 + \boxed{2}x - \boxed{11}\right)e^{-\boxed{2}x} + C \quad (C \text{ は定数})$$

第4回

である。

　図1より，$2 \leqq x \leqq \sqrt{6}$ のとき $f(x) \geqq 0$，$\sqrt{6} \leqq x \leqq 3$ では $f(x) \leqq 0$ であり

$$\int_2^3 f(x)\,dx = S_1 - S_2$$

である。さらに

$$F(x) = \frac{1}{4}(2x^2 + 2x - 11)e^{-2x}$$

とおくと

$$\int_2^3 f(x)\,dx = F(3) - F(2) = \frac{13}{4}e^{-6} - \frac{1}{4}e^{-4} = \frac{13}{4}e^{-6}\left(1 - \frac{e^2}{13}\right)$$

である。ここで，$2 < e < 3$ より $4 < e^2 < 9$ であり

$$1 - \frac{e^2}{13} > 1 - \frac{9}{13} > 0$$

である。したがって

$$S_1 - S_2 > 0 \quad \therefore \quad S_1 \boxed{>} S_2 \quad \cdots\cdots \boxed{②}$$

である。

解答

問 Q.		解答番号 row	正解 A.
I	問1	A	2
		BC	10
		DEFG	5920
		HI	12
		JK	34
		L	9
	問2	MNO	105
		PQR	235
		ST	70
		UVWXYZ	193210
II	問1	AB	25
		CD	37
		EFGH	2664
		IJK	246
		LM	-2
		N	7
	問2	O	2
		PQ	43
		RS	43
		TU	24
		VW	10
		X	3
		Y	2
III		ABCD	2482
		EFG	232
		H	3
		IJ	27
		KL	27
		M	1
IV		ABC	222
		D	3
		E	2
		FG	12
		HI	92

第5回

(1)　放物線 $y=f(x)$ と放物線 $y=g(x)$ は同じ形をしているので

$$a^2+1=5 \qquad \therefore \quad a = \boxed{2}$$

である。このとき

$$f(x)=5x^2+x+3=5\left(x^2+\frac{1}{5}x\right)+3$$

$$=5\left(x+\frac{1}{10}\right)^2-\frac{1}{20}+3=5\left(x+\frac{1}{10}\right)^2+\frac{59}{20}$$

であり，放物線 $y=f(x)$ の頂点の座標は

$$\left(-\frac{1}{\boxed{10}},\ \frac{\boxed{59}}{\boxed{20}}\right)$$

である。また

$$g(x)=5x^2-4x+3=5\left(x^2-\frac{4}{5}x\right)+3$$

$$=5\left(x-\frac{2}{5}\right)^2-\frac{4}{5}+3=5\left(x-\frac{2}{5}\right)^2+\frac{11}{5}$$

であり，放物線 $y=g(x)$ の頂点の座標は

$$\left(\frac{2}{5},\ \frac{11}{5}\right)$$

である。したがって

$$p=\frac{2}{5}-\left(-\frac{1}{10}\right)=\frac{4+1}{10}=\frac{\boxed{1}}{\boxed{2}}$$

$$q=\frac{11}{5}-\frac{59}{20}=\frac{44-59}{20}=-\frac{\boxed{3}}{\boxed{4}}$$

である。

(2) $a=2$ のとき，放物線 $y=f(x)$ を y 軸方向に r だけ平行移動した放物線の式は

$$y=5x^2+x+3+r$$

である。図1のように，点 $(1,\ 0)$ を通るときに r は最大となり，このとき

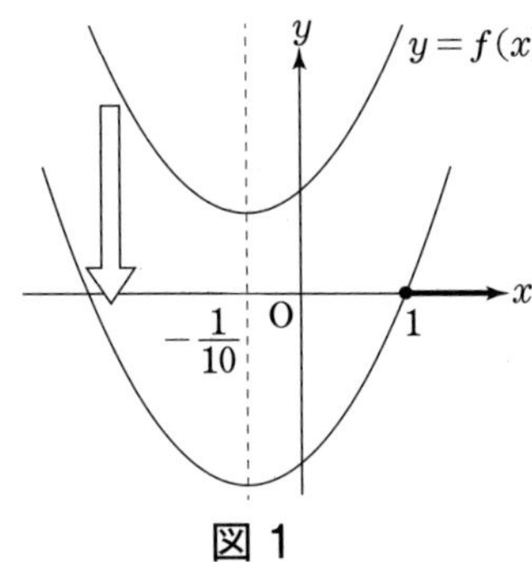

図 1

$$5+1+3+r=0 \qquad \therefore \quad r=-\boxed{9}$$

である。

この試行の全事象を U とすると，この試行で起こり得る場合の個数 $n(U)$ は，8枚のカードから4枚とって並べる順列の個数に等しい。よって

$$n(U) = {}_8\mathrm{P}_4 = 8 \cdot 7 \cdot 6 \cdot 5$$

である。また，得点が3点となる事象を A，2点となる事象を B，1点となる事象を C とする。

(1) $x < y < z < w$ となるのは，$x = 1$，$y = 2$，$z = 3$，$w = 4$ となる場合に限られる。よって，事象 A で起こり得る場合の個数 $n(A)$ は，各数字のカードには赤色と青色の2種類があることに注意すると

$$n(A) = 2^4$$

である。したがって，3点もらえる確率 $P(A)$ は

$$P(A) = \frac{n(A)}{n(U)} = \frac{2^4}{8 \cdot 7 \cdot 6 \cdot 5} = \frac{1}{7 \cdot 3 \cdot 5} = \frac{1}{\boxed{105}}$$

である。

(2) 2点もらえるためには，最初に，1から4までの数字から3つ選んで，次に，その中で同じ数字になるものを1つ決めて，それらを小さい順に並べればよい。1つの数字のカードには赤色と青色の2種類があり，同じ数字のカードは並べ方が2つあることに注意すると，事象 B で起こり得る場合の個数 $n(B)$ は

$$n(B) = {}_4\mathrm{C}_3 \cdot 3 \cdot 2^2 \cdot 2 = 4 \cdot 3 \cdot 2^3$$

である。したがって，求める確率 $P(B)$ は

$$P(B) = \frac{n(B)}{n(U)} = \frac{4 \cdot 3 \cdot 2^3}{8 \cdot 7 \cdot 6 \cdot 5} = \frac{2}{7 \cdot 5} = \frac{\boxed{2}}{\boxed{35}}$$

である。

⑶ 1 点もらえるためには，最初に，1 から 4 までの数字から 2 つ選んで，それらを小さい順に並べればよい。同じ数字のカードは並べ方が 2 つあることに注意すると，事象 C で起こり得る場合の個数 $n(C)$ は

$$n(C) = {}_4\mathrm{C}_2 \cdot 2^2 = 6 \cdot 2^2$$

である。したがって，求める確率 $P(C)$ は

$$P(C) = \frac{n(C)}{n(U)} = \frac{6 \cdot 2^2}{8 \cdot 7 \cdot 6 \cdot 5} = \frac{1}{2 \cdot 7 \cdot 5} = \frac{1}{\boxed{70}}$$

であり，0 点である確率は

$$1 - \frac{1}{105} - \frac{2}{35} - \frac{1}{70} = \frac{210 - 2 - 12 - 3}{210} = \frac{\boxed{193}}{\boxed{210}}$$

である。

(1)　漸化式

$$\begin{cases} a_{n+1} = a_n - 12b_n \\ b_{n+1} = 2a_n + 11b_n \end{cases} \quad (n = 1,\ 2,\ \cdots\cdots)$$

より

$$a_{n+1} + cb_{n+1} = a_n - 12b_n + c(2a_n + 11b_n) = (2c+1)a_n + (11c-12)b_n$$

である。これが，$n = 1,\ 2,\ \cdots\cdots$ において

$$a_{n+1} + cb_{n+1} = r(a_n + cb_n) = ra_n + rcb_n$$

と一致するためには，連立方程式

$$\begin{cases} 2c+1 = r \\ 11c-12 = rc \end{cases}$$

を満たせばよい。r を消去すると

$$11c-12 = (2c+1)c \qquad \therefore \quad c^2 - 5c + 6 = 0 \qquad \therefore \quad c = 2,\ 3$$

であり，よって

$$(c,\ r) = \left(\boxed{2},\ \boxed{5} \right),\ \left(\boxed{3},\ \boxed{7} \right)$$

である。これより

$$\begin{cases} a_{n+1} + 2b_{n+1} = 5(a_n + 2b_n) \\ a_{n+1} + 3b_{n+1} = 7(a_n + 3b_n) \end{cases} \quad (n = 1,\ 2,\ \cdots\cdots)$$

であり，数列 $\{a_n + 2b_n\}$ は公比 5 の等比数列であり，数列 $\{a_n + 3b_n\}$ は公比 7 の等比数列である。
したがって

$$\begin{cases} a_n + 2b_n = 5^{n-1}(a_1 + 2b_1) = -2 \cdot 5^{n-1} & \cdots\cdots① \\ a_n + 3b_n = 7^{n-1}(a_1 + 3b_1) = -7^{n-1} & \cdots\cdots② \end{cases}$$

であり，$3 \cdot ① - 2 \cdot ②$ と $② - ①$ より，求める一般項は

$$\begin{cases} a_n = \boxed{2} \cdot \boxed{7^{n-1}\cdots\cdots⑥} - \boxed{6} \cdot \boxed{5^{n-1}\cdots\cdots④} \\ b_n = \boxed{2} \cdot \boxed{5^{n-1}\cdots\cdots④} - \boxed{7^{n-1}\cdots\cdots⑥} \end{cases}$$

である。

(2) (1)より

$$\frac{a_n}{b_n}=\frac{2\cdot7^{n-1}-6\cdot5^{n-1}}{2\cdot5^{n-1}-7^{n-1}}=\frac{2-6\cdot\left(\dfrac{5}{7}\right)^{n-1}}{2\cdot\left(\dfrac{5}{7}\right)^{n-1}-1}$$

$$\xrightarrow[n\to\infty]{}\frac{2-0}{0-1}=-2$$

であり

$$\lim_{n\to\infty}\frac{a_n}{b_n}=\boxed{-2}$$

である。また

$$\log a_n=\log 7^{n-1}\left\{2-6\cdot\left(\frac{5}{7}\right)^{n-1}\right\}$$

$$=(n-1)\log 7+\log\left\{2-6\cdot\left(\frac{5}{7}\right)^{n-1}\right\}$$

$$\therefore\quad \frac{\log a_n}{n}=\left(1-\frac{1}{n}\right)\log 7+\frac{1}{n}\log\left\{2-6\cdot\left(\frac{5}{7}\right)^{n-1}\right\}$$

$$\xrightarrow[n\to\infty]{}(1-0)\log 7+0\cdot\log 2=\log 7$$

であり

$$\lim_{n\to\infty}\frac{\log a_n}{n}=\log\boxed{7}$$

である。

(1)　通常の xy 平面で考えると

$$\overrightarrow{CA}=\overrightarrow{OA}-\overrightarrow{OC}=(2t+1,\ -5)-(2,\ -1)=(2t-1,\ -4)$$

$$\overrightarrow{CB}=\overrightarrow{OB}-\overrightarrow{OC}=(-1,\ t+1)-(2,\ -1)=(-3,\ t+2)$$

であり，3点 A，B，C が同一直線上にあることから，$\overrightarrow{CA}$ と $\overrightarrow{CB}$ が平行になる，すなわち

$$(2t-1)(t+2)-(-4)(-3)=0\qquad\therefore\ \ 2t^2+3t-14=(2t+7)(t-2)=0$$

となる。よって，$t>0$ より $t=\boxed{2}$ であり，ℓ は，点 C$(2,\ -1)$ を通り，$\overrightarrow{CA}=(3,\ -4)$ に平行な直線である。よって，ℓ の方程式は

$$(x,\ y)=(2,\ -1)+s(3,\ -4)=(2+3s,\ -1-4s)\quad(s\ \text{は実数})$$

と書ける。この式から s を消去すると

$$\ell:4x+3y=5\qquad\cdots\cdots\textcircled{1}$$

である。これを複素数平面で表すために，$z=x+yi$ とおいて

$$x=\frac{z+\overline{z}}{2},\ \ y=\frac{z-\overline{z}}{2i}$$

を ① に代入すればよい。したがって

$$4\left(\frac{z+\overline{z}}{2}\right)+3\left(\frac{z-\overline{z}}{2i}\right)=5$$

$$\therefore\ \ 4(z+\overline{z})-3i(z-\overline{z})=10$$

であり，求める ℓ の方程式は

$$\left(\boxed{4}-\boxed{3}\,i\right)z+\left(\boxed{4}+\boxed{3}\,i\right)\overline{z}=10$$

である。

(2)　円 C の方程式の右辺を平方完成すると

$$\begin{aligned}
z\overline{z}-(2-4i)z-(2+4i)\overline{z}+10&=\{z-(2+4i)\}\{\overline{z}-(2-4i)\}-(2+4i)(2-4i)+10\\
&=\{z-(2+4i)\}\{\overline{z-(2+4i)}\}-20+10\\
&=|z-(2+4i)|^2-10
\end{aligned}$$

である。よって，C の式は

$$|z-(2+4i)|^2=10\qquad\therefore\ \ \left|z-\boxed{2}-\boxed{4}\,i\right|=\sqrt{\boxed{10}}$$

である。ここで，通常の xy 平面で考えると，円 C の中心 $(2, 4)$ と直線 ℓ の距離 d は，① より

$$d = \frac{|4 \cdot 2 + 3 \cdot 4 - 5|}{\sqrt{4^2 + 3^2}} = \frac{15}{5} = \boxed{3}$$

である。したがって

$$d = 3 < \sqrt{10} = (円 C の半径)$$

であり，図1より，C と ℓ の交点の個数は $\boxed{2 \cdots\cdots ②}$ である。

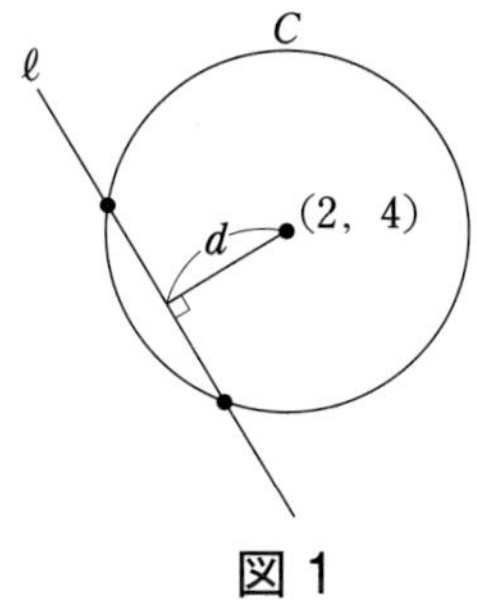

図 1

(1)　① より

$$x^3 = k(x-2)$$

となるが，$x=2$ のときに等号は成り立たないので，$x-2 \neq 0$ としてよい。よって

$$f(x) = \frac{x^3}{x-2} = k \qquad \cdots\cdots ②$$

となる。ここで，整式 x^3 を整式 $x-2$ で割った形にすると

$$x^3 = (x-2)(x^2+2x+4)+8$$

である。よって

$$f(x) = x^2 + \boxed{2}\,x + \boxed{4} + \frac{\boxed{8}}{x-\boxed{2}}$$

であり，曲線 $y=f(x)$ は漸近線 $x=2$ を持つことがわかる。

　さらに，$f(x)$ を x で微分すると

$$f'(x) = \frac{(x^3)'(x-2) - x^3(x-2)'}{(x-2)^2}$$

$$= \frac{3x^2(x-2) - x^3 \cdot 1}{(x-2)^2}$$

$$= \frac{\boxed{2}\,x^2\left(x - \boxed{3}\right)}{\left(x - \boxed{2}\right)^2}$$

であり，$f(x)$ の増減は次のようになる。

x		$\cdots\cdots$	0	$\cdots\cdots$	(2)	$\cdots\cdots$	3	$\cdots\cdots$
$f'(x)$		$-$	0	$-$		$-$	0	$+$
$f(x)$		↘	0	↘		↘	極小	↗

　よって，関数 $f(x)$ は，$x = \boxed{3}$ で極小値 $f(3) = \boxed{27}$ を持ち，曲線 $y=f(x)$ は図 1 のようになる。

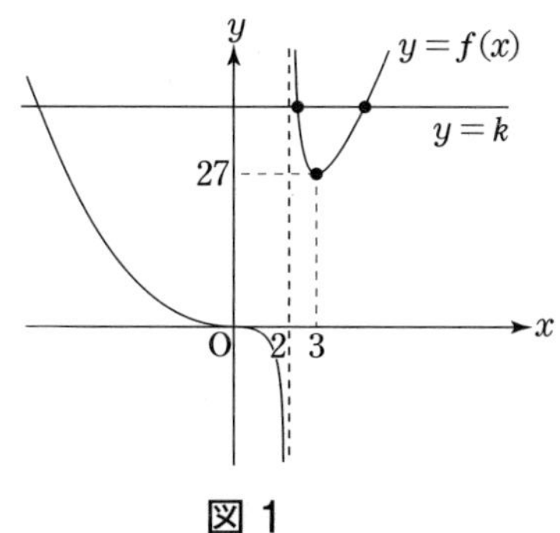

図1

　したがって，①が $x>2$ を満たす相異なる解を 2 つ持つための条件，すなわち，$x>2$ の範囲で曲線 $y=f(x)$ と直線 $y=k$ が交点を 2 つ持つための条件は

$$k>\boxed{27}$$

である。

(2)　$1\leqq x\leqq 2$ において，2 次不等式

$$x^2-2kx+1>0$$

は

$$g(x)=x+\frac{1}{x}>2k$$

と変形できる。そこで，$1\leqq x\leqq 2$ の範囲で曲線 $y=g(x)$ が直線 $y=2k$ よりも常に上側にあるような条件を考えればよい。

　$y=g(x)$ は漸近線 $y=x$ と $x=0$ を持つ。また，$g(x)$ を微分すると

$$g'(x)=1-\frac{1}{x^2}=\frac{(x-1)(x+1)}{x^2}$$

であり，$g(x)$ の増減は次のようになる。

x	……	-1	……	(0)	……	1	……
$g'(x)$	$+$	0	$-$		$-$	0	$+$
$g(x)$	↗	極大	↘		↘	極小	↗

　よって，関数 $g(x)$ は，$x=1$ で極小値 $g(1)=2$ をとり，$x=-1$ で極大値 $g(-1)=-2$ をとる。したがって，曲線 $y=g(x)$ は図 2 のようになり，求める条件は

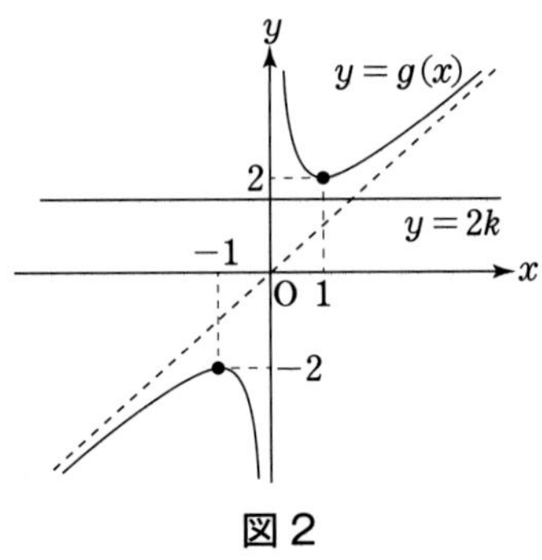

図 2

$$2 > 2k \qquad \therefore \quad k < \boxed{1}$$

である。

(1)　$f(x)$ を微分すると

$$f'(x) = \frac{(\sqrt{x})'\log x - \sqrt{x}\,(\log x)'}{(\log x)^2}$$

$$= \frac{\dfrac{1}{2\sqrt{x}}\cdot\log x - \sqrt{x}\cdot\dfrac{1}{x}}{(\log x)^2}$$

$$= \frac{\log x - \boxed{2}}{\boxed{2}\,\sqrt{x}(\log x)^{\boxed{2}}}$$

であり，$f(x)$ の増減は次のようになる。

x	(0)	……	(1)	……	e^2	……
$f'(x)$		$-$		$-$	0	$+$
$f(x)$		$\searrow$		$\searrow$	極小	$\nearrow$

　　ここで

$$f(e^2) = \frac{\sqrt{e^2}}{\log e^2} = \frac{e}{2}$$

であり，関数 $f(x)$ は

$$x = \boxed{e^2 \cdots\cdots ③}\ \text{において，極小値}\ \boxed{\dfrac{e}{2}\cdots\cdots ②}$$

をとり，曲線 $y = f(x)$ は図1のようになる。よって，$x > 1$ の範囲で

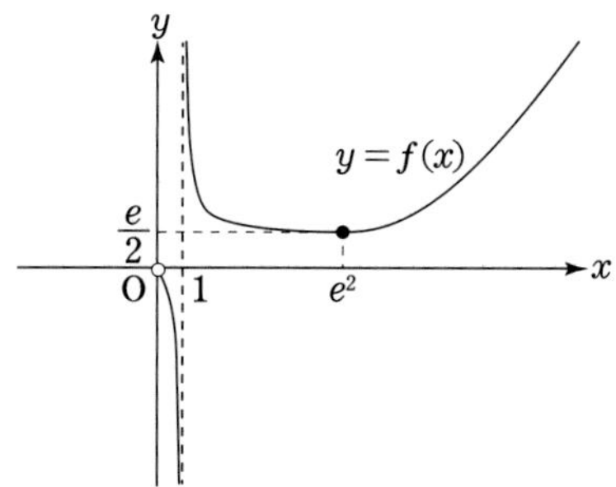

図 1

$$f(x) = \frac{\sqrt{x}}{\log x} \geqq \frac{e}{2} \qquad \therefore \quad \sqrt{x} \geqq \frac{e}{2}\log x \qquad \cdots\cdots ①$$

が成り立つ。不等式 ① は，$x = 1$ のときも，$0 < x < 1$ のときも成り立っている。

(2)　① の等号は $x=e^2$ のときのみ成立する。ここで

$$\left(\sqrt{x}\,\right)' = \frac{1}{2\sqrt{x}}, \quad \left(\frac{e}{2}\log x\right)' = \frac{e}{2x}$$

であり，2 曲線 $y=\sqrt{x}$ と $y=\dfrac{e}{2}\log x$ は，$x=e^2$ において傾き $\dfrac{1}{2e}$ の共通接線を持つ。この接線の方程式は

$$y = \frac{1}{2e}(x-e^2)+e$$

$$= \frac{1}{\boxed{\mathbf{2e}\cdots\cdots①}}\,x + \boxed{\dfrac{\mathbf{e}}{\mathbf{2}}\cdots\cdots②}$$

である。

(3)　2 曲線 $y=\sqrt{x}$ と $y=\dfrac{e}{2}\log x$ は図 2 のようになる。したがって，求める面積 S は

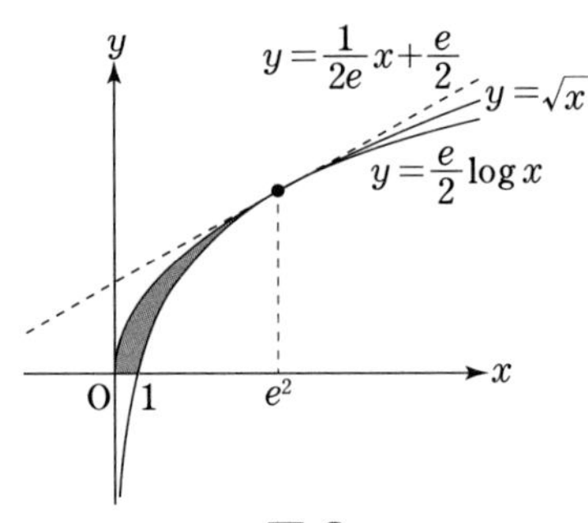

図 2

$$S = \int_0^{e^2} \sqrt{x}\,dx - \int_1^{e^2} \frac{e}{2}\log x\,dx$$

$$= \left[\frac{2}{3}x^{\frac{3}{2}}\right]_0^{e^2} - \frac{e}{2}\Big[x\log x - x\Big]_1^{e^2}$$

$$= \frac{2}{3}e^3 - \frac{e}{2}(2e^2 - e^2 + 1)$$

$$= \boxed{\dfrac{\mathbf{e^3}}{\mathbf{6}}\cdots\cdots⑨} - \boxed{\dfrac{\mathbf{e}}{\mathbf{2}}\cdots\cdots②}$$

である。

解答

問Q.		解答番号 row	正解 A.
I	問1	A	1
		BC	61
		D	3
		EFG	245
		H	1
		IJ	−3
		KLMN	−362
	問2	OPQ	560
		RST	200
		UV	20
		WXY	180
II	問1	ABC	512
		DE	56
		FG	45
		HI	25
		J	0
		K	0
		LM	10
		N	1
	問2	O	3
		P	2
		Q	3
		RST	112
		UVW	611
		XYZ	136
III		A	1
		B	1
		C	3
		D	3
		E	8
		FG	13
		HI	21
		JK	78
		LM	43
		NO	53

問Q.	解答番号 row	正解 A.
IV	A	0
	B	0
	CD	12
	EFG	233
	H	1
	I	5
	J	2
	KLM	326
	NO	22
	P	2

第6回

⑴ 放物線 C が点 $A(0,\ 7k^2+4k+4)$ を通ることより，C の方程式は
$$y=ax^2+bx+7k^2+4k+4$$
と表すことができる。さらに，2 点 $B(1,\ 14k^2+4k+11)$, $C(-1,\ 2k^2+4k-1)$ を通ることから
$$\begin{cases} a+b+7k^2+4k+4=14k^2+4k+11 \\ a-b+7k^2+4k+4=2k^2+4k-1 \end{cases} \quad\therefore\quad \begin{cases} a+b=7k^2+7 \\ a-b=-5k^2-5 \end{cases}$$
である。したがって
$$a=k^2+1,\ b=6k^2+6$$
であり，C の方程式は
$$y=\left(k^2+\boxed{1}\right)x^2+\boxed{6}\left(k^2+\boxed{1}\right)x+7k^2+4k+4$$
である。この右辺を平方完成すると
$$y=(k^2+1)(x^2+6x)+7k^2+4k+4$$
$$=(k^2+1)(x+3)^2-9(k^2+1)+7k^2+4k+4$$
$$=(k^2+1)(x+3)^2-2k^2+4k-5$$
であり，頂点 P の座標は
$$P\left(-\boxed{3},\ -\boxed{2}k^2+\boxed{4}k-\boxed{5}\right)$$
である。

⑵ 頂点 P の y 座標は
$$-2k^2+4k-5=-2(k-1)^2-3$$
より
$$k=\boxed{1}\ \text{のとき，最大値}\ \boxed{-3}$$
をとる。また，$k=1$ のとき，C の方程式は
$$C:y=2(x+3)^2-3$$
であり
$$2(x+3)^2-3=0$$
のとき
$$x+3=\pm\sqrt{\dfrac{3}{2}}\quad\therefore\quad x=-3\pm\dfrac{\sqrt{6}}{2}$$
である。したがって，C と x 軸との交点の x 座標は
$$x=\boxed{-3}\pm\dfrac{\sqrt{\boxed{6}}}{\boxed{2}}$$
である。

　３つの箱への入れ方全体の集合を U として，箱 A の３個のボールの番号の積が３の倍数にならないような入れ方の集合を A，箱 B の３個のボールの番号の積が３の倍数にならないような入れ方の集合を B とする。

(1)　最初に，番号が付いた８個のボールから３個取り出して箱 A に入れて，次に，残りの５個のボールから３個取り出して箱 B に入れる。最後に，残った２個のボールを箱 C に入れる。このような入れ方の総数は

$$n(U) = {}_8\mathrm{C}_3 \cdot {}_5\mathrm{C}_3 \cdot 1 = {}_8\mathrm{C}_3 \cdot {}_5\mathrm{C}_2 = \frac{8 \cdot 7 \cdot 6}{3 \cdot 2 \cdot 1} \cdot \frac{5 \cdot 4}{2 \cdot 1}$$

$$= 56 \cdot 10 = \boxed{560}$$

である。

(2)　箱 A の３個のボールの番号の積が３の倍数にならないようにするには，最初に，３の倍数ではない１，２，４，５，７，８の６個のボールから３個選んで箱 A に入れて，次に，残りの５個のボールから３個取り出して箱 B に入れる。最後に，残った２個のボールを箱 C に入れる。このような入れ方の総数は

$$n(A) = {}_6\mathrm{C}_3 \cdot {}_5\mathrm{C}_3 \cdot 1 = {}_6\mathrm{C}_3 \cdot {}_5\mathrm{C}_2 = \frac{6 \cdot 5 \cdot 4}{3 \cdot 2 \cdot 1} \cdot \frac{5 \cdot 4}{2 \cdot 1}$$

$$= 20 \cdot 10 = \boxed{200}$$

である。

　また，箱 A と箱 B の両方について，箱の中の３個のボールの番号の積が３の倍数にならないようするには，最初に，３の倍数ではない１，２，４，５，７，８の６個のボールから３個選んで箱 A に入れて，次に，残った３の倍数ではないボール３個を箱 B に入れる。最後に，３と６のボールを箱 C に入れる。このような入れ方の総数は

$$n(A \cap B) = {}_6\mathrm{C}_3 \cdot 1 \cdot 1 = \frac{6 \cdot 5 \cdot 4}{3 \cdot 2 \cdot 1} = \boxed{20}$$

である。

(3)　箱 B の 3 個のボールの番号の積が 3 の倍数にならないような入れ方の総数は，(2) と同様に考えて

$$n(B) = n(A) = 200$$

である。箱 A の 3 個のボールの番号の積が 3 の倍数であり，かつ，箱 B の 3 個のボールの番号の積が 3 の倍数ではないようなボールの入れ方の集合は $\overline{A} \cap B$ であり，図 1 より，このような入れ方の総数は

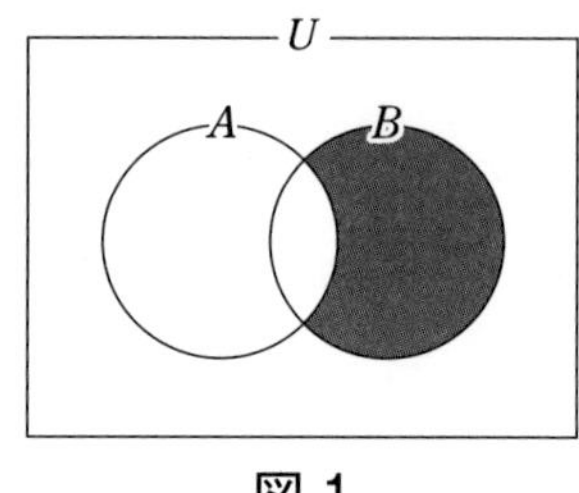

図 1

$$n(\overline{A} \cap B) = n(B) - n(A \cap B) = 200 - 20 = \boxed{180}$$

である。

整数の数列 $\{a_n\}$, $\{b_n\}$, $\{c_n\}$, $\{d_n\}$ の定義式

$$a_n+b_n\sqrt{2}+c_n\sqrt{3}+d_n\sqrt{6}=\left(\sqrt{2}+\sqrt{3}\right)^{2n-1} \quad (n=1,\ 2,\ \cdots\cdots) \quad \cdots\cdots①$$

から必要な漸化式を導いてみよう。

(1)　① で $n+1$ と n の場合を比較すると

$$a_{n+1}+b_{n+1}\sqrt{2}+c_{n+1}\sqrt{3}+d_{n+1}\sqrt{6}$$
$$=\left(\sqrt{2}+\sqrt{3}\right)^{2n+1}$$
$$=\left(\sqrt{2}+\sqrt{3}\right)^2\left(\sqrt{2}+\sqrt{3}\right)^{2n-1}$$
$$=\left(5+2\sqrt{6}\right)\left(\sqrt{2}+\sqrt{3}\right)^{2n-1}$$
$$=\left(5+2\sqrt{6}\right)\left(a_n+b_n\sqrt{2}+c_n\sqrt{3}+d_n\sqrt{6}\right)$$
$$=\left(5a_n+12d_n\right)+\left(5b_n+6c_n\right)\sqrt{2}+\left(4b_n+5c_n\right)\sqrt{3}+\left(2a_n+5d_n\right)\sqrt{6}$$

より，2 項間漸化式

$$\begin{cases} a_{n+1} &=& \boxed{5}\,a_n+ \boxed{12}\,d_n \\[4pt] b_{n+1} &=& \boxed{5}\,b_n+ \boxed{6}\,c_n \\[4pt] c_{n+1} &=& \boxed{4}\,b_n+ \boxed{5}\,c_n \\[4pt] d_{n+1} &=& \boxed{2}\,a_n+ \boxed{5}\,d_n \end{cases} \qquad (n=1,\ 2,\ \cdots\cdots)$$

が得られる。

(2)　$n=1$ のとき ① は

$$a_1+b_1\sqrt{2}+c_1\sqrt{3}+d_1\sqrt{6}=\sqrt{2}+\sqrt{3}$$

であり

$$a_1=d_1=0,\ b_1=c_1=1$$

である。ここで，(1)の漸化式より

$$a_2=5a_1+12d_1=0,\quad d_2=2a_1+5d_1=0$$
$$a_3=5a_2+12d_2=0,\quad d_3=2a_2+5d_2=0$$
$$a_4=5a_3+12d_3=0,\quad d_4=2a_3+5d_3=0$$

であり，数列 $\{a_n\}$, $\{d_n\}$ は

$$a_n= \boxed{0}\ ,\ d_n= \boxed{0} \qquad (n=1,\ 2,\ \cdots\cdots)$$

を満たす。また，(1)より

$$c_n = \frac{1}{6}(b_{n+1} - 5b_n)$$

であり，よって，数列 $\{b_n\}$ について

$$\frac{1}{6}(b_{n+2} - 5b_{n+1}) = 4b_n + \frac{5}{6}(b_{n+1} - 5b_n)$$

$$\therefore \quad b_{n+2} - \boxed{10}\, b_{n+1} + b_n = 0 \quad (n = 1,\ 2,\ \cdots\cdots)$$

が成り立つ。これより

$$b_{n+2} = 10b_{n+1} - b_n$$

であり，b_{n+2} は $-b_n$ と 10 で割った余りが等しい。さらに

$$b_{n+4} = 10b_{n+3} - b_{n+2} = 10b_{n+3} - (10b_{n+2} - b_n)$$

$$\therefore \quad b_{n+4} - b_n = 10(b_{n+3} - b_{n+2})$$

であり，b_{n+4} と b_n は，10 で割った余りが等しい。このことをくり返し用いると

$$2022 = 4 \cdot 505 + 2$$

より，b_{2022} は b_2 と 10 で割った余りが等しくなる。さらに，(1)より

$$b_2 = 5b_1 + 6c_1 = 11$$

であり，したがって，b_{2022} を 10 で割った余りは $\boxed{1}$ である。

(1) 図1より，三角形OABについて

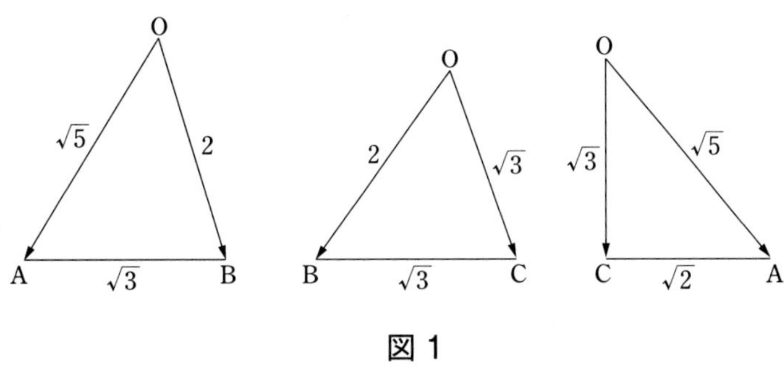

図1

$$|\overrightarrow{AB}|^2 = |\overrightarrow{OB} - \overrightarrow{OA}|^2 = |\overrightarrow{OB}|^2 - 2(\overrightarrow{OA} \cdot \overrightarrow{OB}) + |\overrightarrow{OA}|^2$$

$$\therefore \quad \vec{a} \cdot \vec{b} = \frac{5+4-3}{2} = \boxed{3}$$

である。同様に，三角形OBCについて

$$|\overrightarrow{BC}|^2 = |\overrightarrow{OC} - \overrightarrow{OB}|^2 = |\overrightarrow{OC}|^2 - 2(\overrightarrow{OB} \cdot \overrightarrow{OC}) + |\overrightarrow{OB}|^2$$

$$\therefore \quad \vec{b} \cdot \vec{c} = \frac{3+4-3}{2} = \boxed{2}$$

であり，三角形OCAについて

$$|\overrightarrow{CA}|^2 = |\overrightarrow{OA} - \overrightarrow{OC}|^2 = |\overrightarrow{OA}|^2 - 2(\overrightarrow{OC} \cdot \overrightarrow{OA}) + |\overrightarrow{OC}|^2$$

$$\therefore \quad \vec{c} \cdot \vec{a} = \frac{5+3-2}{2} = \boxed{3}$$

である。これより，三角形OABの面積△OABは

$$\triangle OAB = \frac{1}{2}\sqrt{|\vec{a}|^2 |\vec{b}|^2 - (\vec{a} \cdot \vec{b})^2} = \frac{1}{2}\sqrt{5 \cdot 4 - 9} = \frac{\sqrt{\boxed{11}}}{\boxed{2}}$$

である。

(2) 点Cから平面OABに垂線をおろしたときの交点Hに対して

$$\overrightarrow{OH} = x\vec{a} + y\vec{b}$$

とおくと

$$\overrightarrow{CH} = \overrightarrow{OH} - \overrightarrow{OC} = x\vec{a} + y\vec{b} - \vec{c}$$

である。$\overrightarrow{CH}$は平面OABと垂直であるので

$$\overrightarrow{\mathrm{CH}} \cdot \vec{a} = x|\vec{a}|^2 + y(\vec{a} \cdot \vec{b}) - \vec{c} \cdot \vec{a}$$
$$= 5x + 3y - 3 = 0$$
$$\overrightarrow{\mathrm{CH}} \cdot \vec{b} = x(\vec{a} \cdot \vec{b}) + y|\vec{b}|^2 - \vec{b} \cdot \vec{c}$$
$$= 3x + 4y - 2 = 0$$

である。これより

$$x = \frac{6}{11}, \quad y = \frac{1}{11}$$

であり

$$\overrightarrow{\mathrm{OH}} = \frac{\boxed{6}\,\vec{a} + \vec{b}}{\boxed{11}} \qquad \therefore \quad \overrightarrow{\mathrm{CH}} = \frac{1}{11}(6\vec{a} + \vec{b} - 11\vec{c})$$

である。ここで

$$|6\vec{a} + \vec{b} - 11\vec{c}|^2 = 36|\vec{a}|^2 + |\vec{b}|^2 + 121|\vec{c}|^2 + 12\vec{a} \cdot \vec{b} - 22\vec{b} \cdot \vec{c} - 132\vec{c} \cdot \vec{a}$$
$$= 180 + 4 + 363 + 36 - 44 - 396$$
$$= 143$$

$$\therefore \quad |\overrightarrow{\mathrm{CH}}| = \frac{1}{11}|6\vec{a} + \vec{b} - 11\vec{c}| = \frac{\sqrt{143}}{11}$$

であり，したがって，四面体 OABC の体積 V は

$$V = \frac{1}{3} \cdot \triangle \mathrm{OAB} \cdot |\overrightarrow{\mathrm{CH}}| = \frac{1}{3} \cdot \frac{\sqrt{11}}{2} \cdot \frac{\sqrt{11 \cdot 13}}{11} = \frac{\sqrt{\boxed{13}}}{\boxed{6}}$$

である。

　図2のように，三角形 ABC の面積は

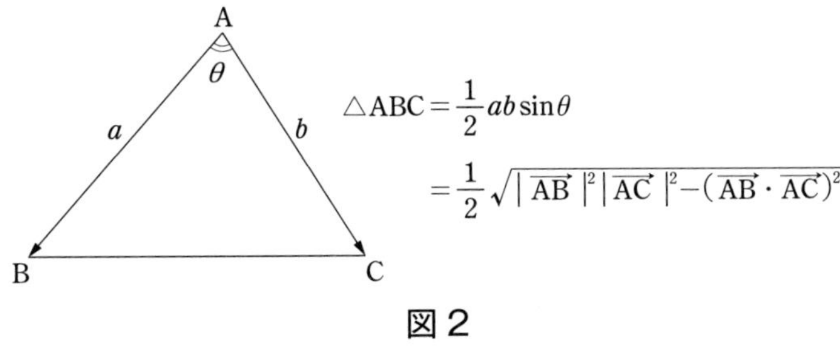

$$\triangle ABC = \frac{1}{2}ab\sin\theta$$

$$= \frac{1}{2}\sqrt{|\overrightarrow{AB}|^2|\overrightarrow{AC}|^2-(\overrightarrow{AB}\cdot\overrightarrow{AC})^2}$$

図2

$$\triangle ABC = \frac{1}{2}\sqrt{|\overrightarrow{AB}|^2|\overrightarrow{AC}|^2-(\overrightarrow{AB}\cdot\overrightarrow{AC})^2}$$

であり，この証明は

$$\triangle ABC = \frac{1}{2}|\overrightarrow{AB}||\overrightarrow{AC}|\sin\angle CAB = \frac{1}{2}|\overrightarrow{AB}||\overrightarrow{AC}|\sqrt{1-\cos^2\angle CAB}$$

$$= \frac{1}{2}\sqrt{|\overrightarrow{AB}|^2|\overrightarrow{AC}|^2-(|\overrightarrow{AB}||\overrightarrow{AC}|\cos\angle CAB)^2} = \frac{1}{2}\sqrt{|\overrightarrow{AB}|^2|\overrightarrow{AC}|^2-(\overrightarrow{AB}\cdot\overrightarrow{AC})^2}$$

のようにできる。

　ちなみに，公式を素早く丸暗記することだけに集中してしまうことは，数学の正しい勉強としては完全に的外れの行為である。そんなことをしたら公式そのものを簡単に忘れてしまう。公式を覚えることに集中するのではなくて，公式の証明を完全に理解できるまでくり返して，かつ，2つのベクトルの長さと内積から簡単に面積が得られるという事実を意識にたたき込む，ということが大事である。

第6回

(1)　$f_0(x) = (x+1)e^{3x}$ であり

$$a_0 = \boxed{1}, \quad b_0 = \boxed{1}$$

である。また

$$
\begin{aligned}
f_{n+1}(x) &= \big(f_n(x)\big)' \\
&= \{(a_n x + b_n)e^{3x}\}' \\
&= (a_n x + b_n)'e^{3x} + (a_n x + b_n)(e^{3x})' \\
&= a_n e^{3x} + (a_n x + b_n)(3e^{3x}) \\
&= \{3a_n x + a_n + 3b_n\}e^{3x}
\end{aligned}
$$

より，$\{a_n\}$，$\{b_n\}$ の2項間漸化式

$$
\begin{cases}
a_{n+1} = \boxed{3}\, a_n & \cdots\cdots① \\
b_{n+1} = a_n + \boxed{3}\, b_n & \cdots\cdots②
\end{cases}
\quad (n = 0,\ 1,\ 2\cdots\cdots)
$$

を満たす。① より

$$a_n = \boxed{3^n \cdots\cdots ⑧} \quad (n = 0,\ 1,\ 2\cdots\cdots)$$

である。よって，$b_n = 3^n \cdot c_n$ を ② に代入すると

$$3^{n+1} \cdot c_{n+1} = 3^n + 3 \cdot 3^n \cdot c_n$$

$$\therefore\quad c_{n+1} - c_n = \boxed{\dfrac{1}{3}} \quad (n = 0,\ 1,\ 2\cdots\cdots)$$

であり，$\{c_n\}$ は公差 $\dfrac{1}{3}$ の等差数列である。ここで

$$c_0 = \frac{b_0}{a_0} = 1$$

より

$$c_n = \boxed{\dfrac{n}{3} \cdots\cdots ②} + \boxed{1} \quad (n = 0,\ 1,\ 2\cdots\cdots)$$

である。したがって

$$b_n = 3^n c_n = n \cdot \boxed{3^{n-1} \cdots\cdots ⑦} + \boxed{3^n \cdots\cdots ⑧} \quad (n = 0,\ 1,\ 2\cdots\cdots)$$

である。

(2)　$f_n(x)$ の導関数は

$$f_{n+1}(x) = (f_n(x))' = (a_{n+1}x + b_{n+1})e^{3x}$$

である。$f_{n+1}(x) = 0$ となる x は

$$x = -\frac{b_{n+1}}{a_{n+1}} = -\frac{(n+1)3^n + 3^{n+1}}{3^{n+1}} = -\frac{n+4}{3}$$

であり，$f_n(x)$ の増減は次のようになる。

x	……	$-\dfrac{n+4}{3}$	……
$f_{n+1}(x)$	$-$	0	$+$
$f_n(x)$	↘	極小	↗

ここで

$$f_n\left(-\frac{n+4}{3}\right) = \left\{3^n\left(-\frac{n+4}{3}\right) + n\cdot 3^{n-1} + 3^n\right\}e^{-(n+4)}$$

$$= \{-(n+4) + n + 3\}3^{n-1}e^{-(n+4)}$$

$$= -3^{n-1}\cdot\left(\frac{1}{e}\right)^{n+4}$$

$$= -\frac{1}{e^5}\left(\frac{3}{e}\right)^{n-1}$$

である。したがって，$f_n(x)$ は

$$x = -\frac{n+\boxed{4}}{\boxed{3}} \quad \text{のとき，極小値} \quad -\frac{1}{e^{\boxed{5}}}\left(\frac{\boxed{3}}{e}\right)^{n-1}$$

をとる。

(1)　$x > e$ のとき，$0 < \log x < (\log x)^2$ であり

$$0 < \frac{\log x}{x} < \frac{(\log x)^2}{x}$$

である。ここで，$x \to \infty$ とすると

$$\lim_{x \to \infty} \frac{\log x}{x} = \lim_{x \to \infty} \frac{(\log x)^2}{x} = 0$$

が成り立つ。また，$x \to +0$ のとき，$x \to \infty$，$\log x \to -\infty$ となるので，関数 $f(x)$ の極限について

$$\lim_{x \to \infty} f(x) = 0, \ \lim_{x \to +0} f(x) = -\infty$$

が成り立つ。よって，曲線 $y = f(x)$ は漸近線 $y = \boxed{0}$ と $x = \boxed{0}$ を持つ。また，$f(x)$ の導関数 $f'(x)$ と第 2 次導関数 $f''(x)$ は

$$f'(x) = \frac{(\log x)' x - \log x (x)'}{x^2}$$

$$= \frac{\dfrac{1}{x} \cdot x - \log x \cdot 1}{x^2}$$

$$= \frac{\boxed{1} - \log x}{x^{\boxed{2}}}$$

$$f''(x) = \frac{(1 - \log x)' x^2 - (1 - \log x)(x^2)'}{x^4}$$

$$= \frac{-\dfrac{1}{x} \cdot x^2 - (1 - \log x)(2x)}{x^4}$$

$$= \frac{\boxed{2} \log x - \boxed{3}}{x^{\boxed{3}}}$$

であり，関数 $f(x)$ の増減は次のようになる。

x	(0)	$\cdots$	e	$\cdots$	$e^{\frac{3}{2}}$	$\cdots$
$f'(x)$		$+$	0	$-$	$-$	$-$
$f''(x)$		$-$	$-$	$-$	0	$+$
$f(x)$		$\nearrow$	極大	$\searrow$	変曲点	$\searrow$

ここで

$$f(e)=\frac{\log e}{e}=e^{-1}, \quad f(e^{\frac{3}{2}})=\frac{\log e^{\frac{3}{2}}}{e^{\frac{3}{2}}}=\frac{3}{2}e^{-\frac{3}{2}}$$

であり，関数 $f(x)$ は

$$x=\boxed{e\cdots\cdots①}\ \text{において，極大値}\ \boxed{e^{-1}\cdots\cdots⑤}$$

をとる。また，曲線 $y=f(x)$ の変曲点の座標は

$$\left(\boxed{e^{\frac{3}{2}}\cdots\cdots②},\ \frac{\boxed{\mathbf{3}}}{\boxed{\mathbf{2}}}\boxed{e^{-\frac{3}{2}}\cdots\cdots⑥}\right)$$

である。よって，曲線 $y=f(x)$ は図1のようになる。

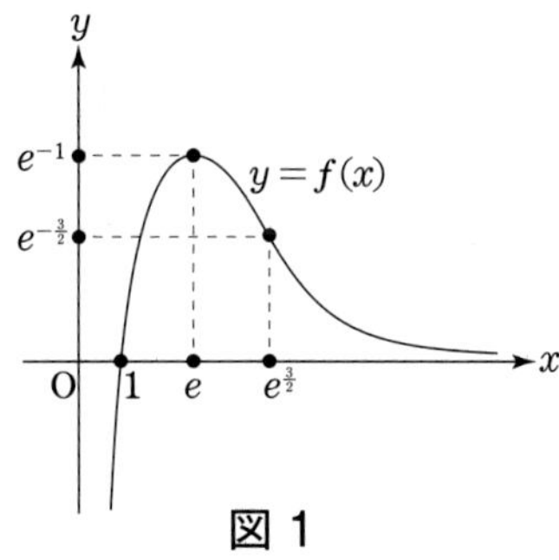

図 1

(2) 部分積分を行うと

$$\begin{aligned}
\int g(x)\,dx &= \int\left(-\frac{1}{x}\right)'(\log x)^2\,dx \\
&= \left(-\frac{1}{x}\right)(\log x)^2-\int\left(-\frac{1}{x}\right)\{(\log x)^2\}'\,dx \\
&= \left(-\frac{1}{x}\right)(\log x)^2-\int\left(-\frac{1}{x}\right)(2\log x)(\log x)'\,dx \\
&= \left(-\frac{1}{x}\right)(\log x)^2-\int\left(-\frac{1}{x}\right)(2\log x)\left(\frac{1}{x}\right)\,dx \\
&= \left(-\frac{1}{x}\right)(\log x)^2+2\int\frac{\log x}{x^2}\,dx
\end{aligned}$$

であり，さらに，部分積分を行うと

$$\int \frac{\log x}{x^2}\,dx = \int \left(-\frac{1}{x}\right)' \log x\,dx$$

$$= \left(-\frac{1}{x}\right)\log x - \int \left(-\frac{1}{x}\right)(\log x)'\,dx$$

$$= \left(-\frac{1}{x}\right)\log x - \int \left(-\frac{1}{x}\right)\left(\frac{1}{x}\right)\,dx$$

$$= \left(-\frac{1}{x}\right)\log x + \int \frac{1}{x^2}\,dx$$

$$= \left(-\frac{1}{x}\right)\log x - \frac{1}{x} + C$$

である。したがって，求める原始関数は

$$\int g(x)\,dx = -\frac{(\log x)^2 + \boxed{2}\,\log x + \boxed{2}}{x} + C \quad (C \text{ は定数})$$

である。

(3) (2)より

$$G(x) = -\frac{(\log x)^2 + 2\log x + 2}{x}$$

とおくと，回転体の体積は

$$V(a) = \pi \int_1^a \left(\frac{\log x}{x}\right)^2\,dx = \pi \int_1^a g(x)\,dx$$

$$= \pi \left[\, G(x)\,\right]_1^a = \pi\{G(a) - G(1)\}$$

である。$a \to \infty$ のとき $G(a) \to 0$ であり，したがって，求める極限値は

$$\lim_{a \to 0} V(a) = -\pi G(1) = \boxed{2}\,\pi$$

である。

- 計算欄（memo）-

－ 計算欄（memo）－

－ 計算欄（memo）－

- 計算欄 (memo) -

- 計算欄 (memo) -

－ 計算欄（memo） －

－ 計算欄（memo） －